Werner Heiland-Justi

Hans Baldung gen. Grien und die Glasmalereien im Alten Endinger Rathaus

Umschlag vorne: Wappen Üsenberg
Umschlag hinten: Reitersiegel von Üsenberg, 1293, und Stadtsiegel Endingen, 1306; aus Hermann Meurer, Stadtwappen Endingen: Stadt Endingen 2013

1. Auflage 2014
ISBN 978-3-89870-852-4

www.kunstverlag-fink.de

Layout und Gestaltung: Georg Mader, Weiler im Allgäu
Reproherstellung: Ralf Henrich, Stiefenhofen
Druck: Holzer Druck + Medien, Weiler im Allgäu

Bibliografische Information der Deutschen Nationalbibliothek
Die Deutsche Bibliothek verzeichnet diese Publikation in der Deutschen Nationalbibliografie; detaillierte bibliografische Daten sind im Internet über 'http://dnb.d-nb.de' abrufbar.

Werner Heiland-Justi

Hans Baldung gen. Grien und die Glasmalereien im Alten Endinger Rathaus

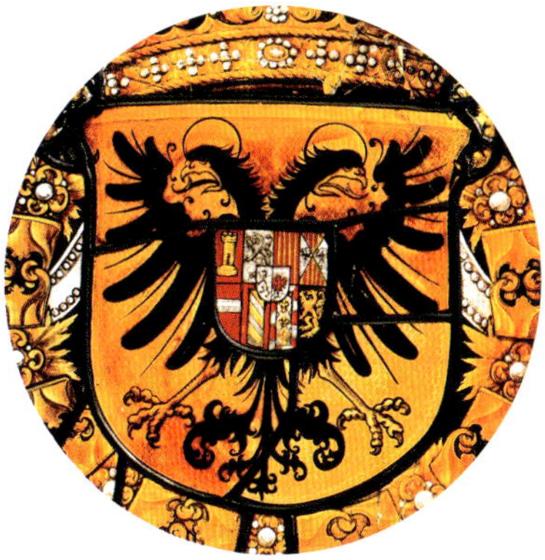

Kunstverlag Josef Fink

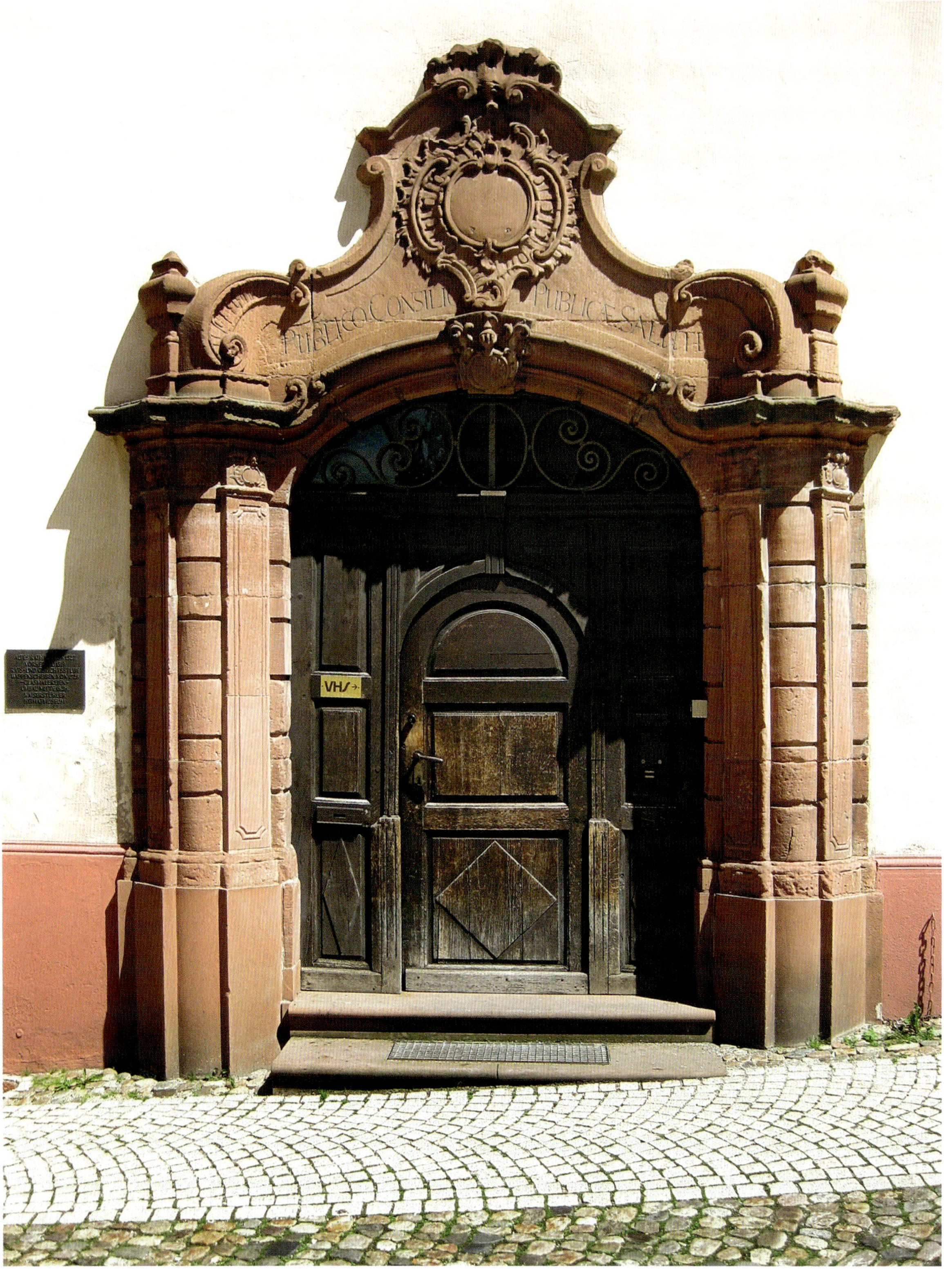
PUBLICO CONSILIO PUBLICÆ SALUTI
VHS

Vorbemerkung

Die Glasmalereien – überwiegend Wappenscheiben – im Rathaus der Stadt Endingen wurden zu Beginn der deutschen Renaissance in den Jahren 1527–1530 angefertigt. Es ist nicht bekannt, wie viele es einmal waren, 13 Scheiben haben nahezu unversehrt fast 500 Jahre überlebt. Sie befinden sich, mit einer Ausnahme, immer noch am selben Ort, dem Ratssaal des 1527 neu erbauten Rathauses der Stadt (Abb. 1). Der Saal wird bis heute genutzt: Sitzungen des Stadtrates, Versammlungen verschiedener Vereine und Trauungen finden dort statt.

Die Scheiben sind in etwa alle 40 x 45 cm groß. Sie sind jetzt vor den eigentlichen Fensterscheiben – neue Butzenscheiben – und vor je einem Mattglas montiert. So sind sie einigermaßen vor Außeneinwirkungen geschützt und gut von hinten beleuchtet. Bei hellem Tageslicht erstrahlen sie in der Pracht der alten Farben. In fast alle Scheiben sind Teile eingefügt, um verloren gegangene Stücke zu ersetzen.

Die Scheiben sind in etwa zeitgleich zu den Glasmalereien des Hochchores im Freiburger Münster entstanden. Es spricht viel dafür, dass der Glasmeister Hans Gitschmann von [aus] Ropstein im Elsass, der im frühen 16. Jahrhundert in Freiburg tätig war, auch für Endingen gearbeitet hat. Die Entwürfe werden, mit Einschränkungen, dem Bildhauer Hans Wydyz (1497–1510 in Freiburg bezeugt) (so Noack – siehe Literaturverzeichnis) und dem Maler Hans Baldung gen. Grien (1484/85–1545) zugeschrieben. Wie die Malerei und die Skulpturen im kirchlichen Raum repräsentieren auch diese „weltlichen“ Kunstwerke in Endingen ein Programm – l'art pour l'art gab es zu Beginn des 16. Jahrhunderts nicht. Die Standesgesellschaft hatte sich durch den Bauernkrieg von 1525 nicht erschüttern lassen. Die durch Martin Luther ausgelöste „Reformation“, die auch zum Zerfall der Stände und zum Niedergang des Heiligen Römischen Reiches Deutscher Nation beitrug, kam erst viele Jahre später in den Breisgau. Die 13 Endinger Scheiben sind in gewisser Weise ein Blick in ein Zeitfenster am Ende des Mittelalters und am Beginn der Neuzeit.

Abb. 1: Das Portal des Alten Endinger Rathauses: „PUBLICO CONSILIO PUBLICAE SALUTI“. Erbaut 1527.

Die Wappenscheiben

Drei der Wappen bezeugen eindeutig die Herrschaft des Kaisers, des Erzherzogs von Österreich und des Geschlechts der Herren von Üsenberg. Die ständische Ordnung gab eine Rangordnung vor: Sie reichte von Kaiser, König, Herzog und Graf bis hinab zu Bürger, Bauer, Bettelmann. Der „Erzherzog" war ein 1453 eingeführter Rang – hierarchische Strukturen neigen dazu, neue ‚Managementebenen' zu erfinden, die dem System langfristig schaden. In diesem Fall hielten sich Rang und Titel bis zum 28. Juni 1914, als der österreichische Erzherzog Franz Ferdinand in Sarajevo ermordet wurde.

Im Jahr 1521 hatte Kaiser Karl V. das große Reich mit seinem Bruder Ferdinand geteilt. Dieser wurde Erzherzog und war zuständig für das „Newe Osterich". Das Wappenschild Kaiser Karls V. hängt nicht im Ratssaal, sondern im vorderösterreichischen Museum der Stadt Endingen (Abb. 2). Karl V. hatte 1519 das Erbe Maximilians I., seines Großvaters, angetreten. Das Schild im Doppeladler zeigt im Herzschild den schwarzen Flandrischen Löwen und den roten Tiroler Adler. Darum reihen sich im Uhrzeigersinn die Wappen des Königreiches Kastilien (goldener Turm auf Rot), des Königreiches Leon (goldener Löwe auf Weiß), des Königreiches Aragon (senkrechte rote und gelbe Streifen), des Königreiches Sizilien-Aragon (geviertelt das Wappen von Aragon und zwei Adler), des Herzogtums Brabant (goldener Löwe auf Schwarz), des Hauses Valois (goldene Lilien, umgeben von einem rot-weißen Band), der Herzogtümer Alt- und Neu-Burgund (gelb-weiße, eigentlich gelb-blaue schräge Streifen) und schließlich des Herzogtums Österreich (rot-weiß-rot, ein sogenannter Bindenschild, ursprünglich das Wappen der Babenberger (Bamberger), Herzöge Österreichs und Vorgänger der Habsburger). Die Lilien – fleur-de-lys – stehen für die Grafschaft Artois und die Picardie, die, wie Brabant, zum burgundischen Erbe der Maria von Burgund (1457–1482) gehörten. Maria von Burgund war die erste Gattin des Maximilian I. von Habsburg – tu felix austria nube, so kam Burgund an Habsburg. Das ganze Wappen ziert die Brust des kaiserlichen Doppeladlers. Obenauf sitzt die Kaiserkrone. Zusätzlich ist das Wappen umrundet von der Kette des Ordens vom Goldenen Vlies. Das zugehörige goldene Widderfell hängt in das Schriftbild hinein. Dort ist zu lesen: „Carolus römischer Kaiser zu allen zeiten merer des reichs und in Germanien zu hispanien beider sicilien hierusalem hungern dalmacien croatien und könig Ertzhertzog zu Osterrich hertzog zu Burgundi und Graf zu hapsburg flandern und tyrol. 1528."

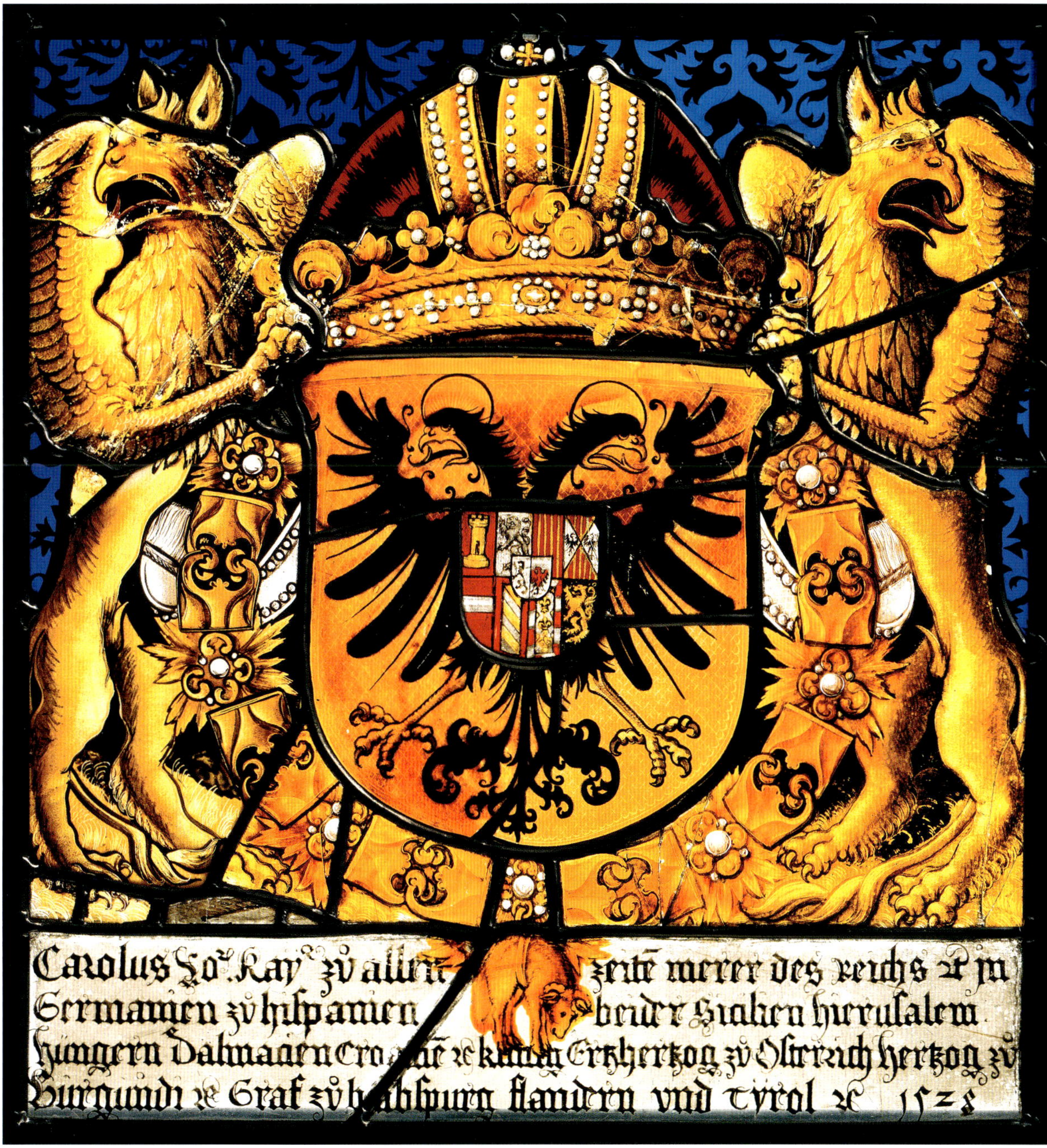

Abb. 2: Wappenscheibe Kaiser Karls V. von 1528: „Carolus römischer Kaiser zu allen zeiten merer des reichs und in Germanien zu hispanien beider sicilien hierusalem hungern dalmacien croatien und könig Ertzhertzog zu Osterrich hertzog zu Burgundi und Graf zuo habspurg flandern und tyrol.“ Außer Ungarn sind alle diese Länder mit ihren Wappen in dem Schild repräsentiert.

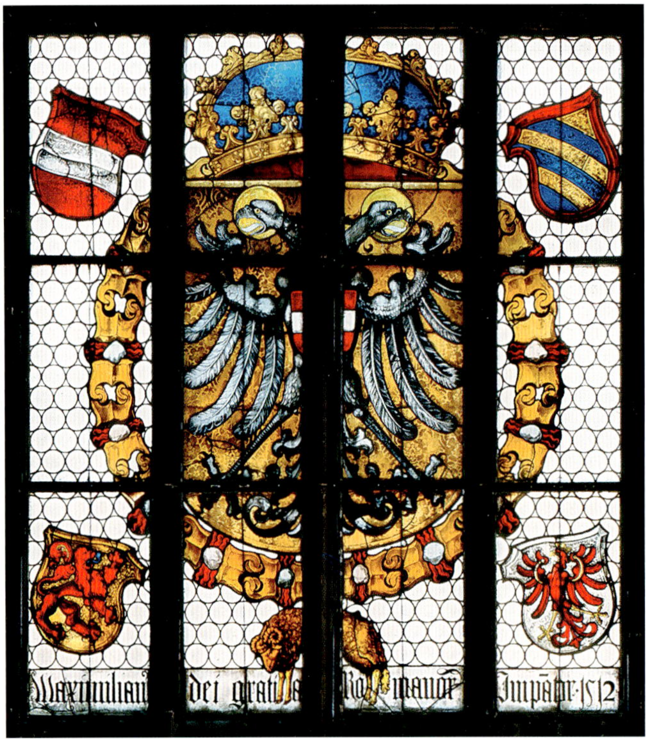

Abb. 3a: Wappen Kaiser Maximilians I. im Hochchor des Freiburger Münsters von 1512. Die Wappen der Stammlande sind im Uhrzeigersinn platziert: Herzogtum Österreich (rot-weiß-roter Bindenschild); Burgund (blaue und gelbe Streifen); Tirol (roter Adler) und Habsburg (roter Löwe auf Gold). Um den Reichsadler in der Mitte ist die Kette des Ordens vom Goldenen Vlies angeordnet. Das zugehörige Widderfell hängt darunter.

Abb. 3b: Wappen von Kaiser Maximilian I. in der Kaiserkapelle des Freiburger Münsters. Das Wappenschild auf dem Adler ist das Allianzwappen Österreich-Burgund.

Die große Wappenscheibe Maximilians I., des Großvaters von Karl V., im Hochchor des Freiburger Münsters (Abb. 3a) von 1512 ist einfacher gestaltet. Um das zentrale Wappen (den Bindenschild) auf dem Doppeladler gruppieren sich die Wappen der Stammlande: Österreich, Burgund, Tirol und Habsburg (im Uhrzeigersinn). Die anderen Länder sind auf den Wappenscheiben der beiden Enkel, Karl und Ferdinand, festgehalten. Der Orden des Goldenen Vlieses fehlt bei keiner der drei Wappenscheiben, allerdings ist das Fell des Widders anders orientiert als bei der Endinger Scheibe Karls V. Das Freiburger Wappen misst etwa 2,60 m x 2,60 m. Das bedeutet, selbst die einzelnen sind mit etwa 55 cm x 55 cm größer als jede der Endinger Scheiben. Das ist beim Anschauen der Details zu beachten.
Eine Variante des kaiserlichen Wappens ist im Maximiliansfenster der Kaiserkapelle des Münsters (Abb. 3b) zu finden. Es ist dem Endinger Schild ähnlich und ungefähr

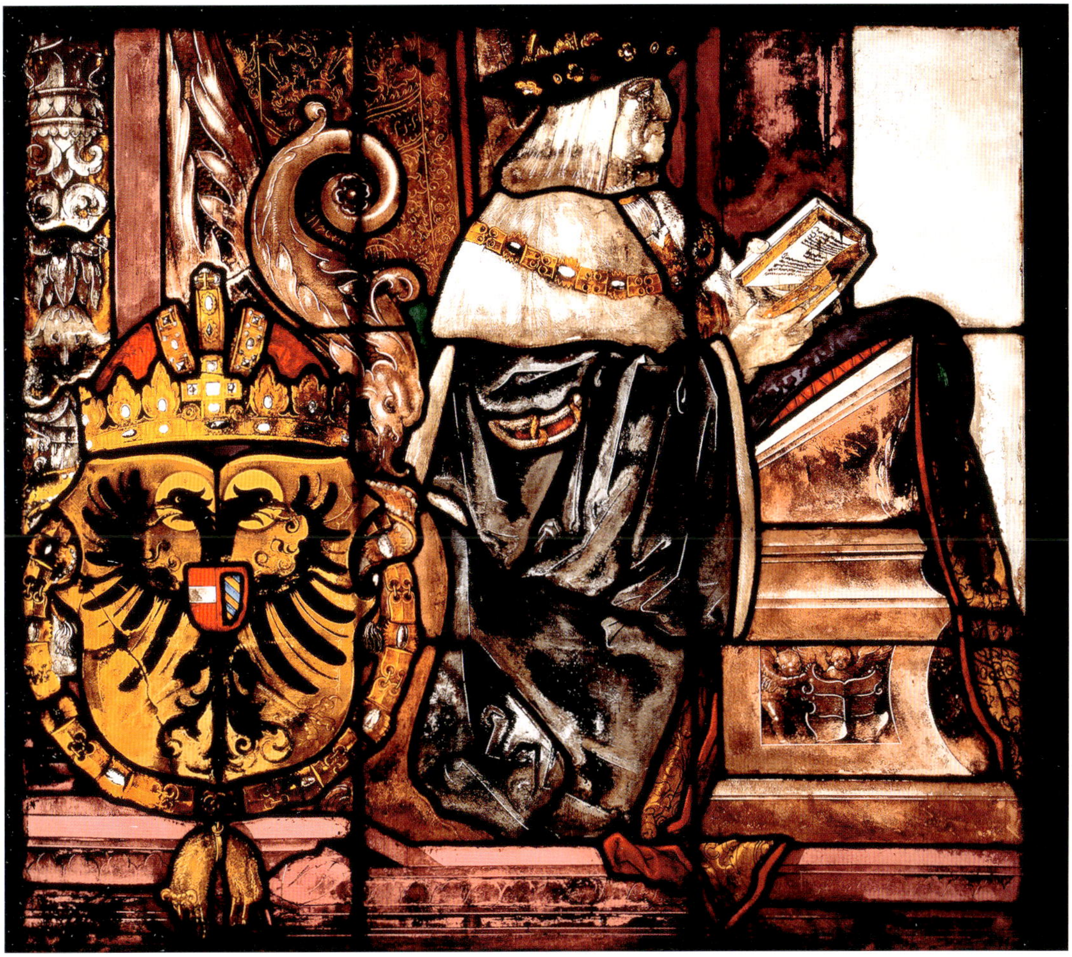

gleich groß. Das Wappen auf dem Adler zeigt das Bindeschild und Burgund. Es ist also das Allianzwappen von Maximilian und Maria von Burgund. Die Wappenscheibe Ferdinands, des Bruders Karls V., (Abb. 4) hat nur das rot-weiß-rote Bindenschild, darauf ist ein Turnierhelm oder Bügelhelm mit Pfauenfedern zu sehen. Es fehlen das Goldene Vlies und die Krone eines Erzherzogs. Zwei Landsknechte halten den Schild. Das Ganze ist gerahmt von Renaissancesäulen und einem Baldachin mit Blattwerk. Diese „Architektur" wurde für alle übrigen Scheiben beibehalten. Insofern spielt die Kaiserscheibe eine Sonderrolle. In den Jahren zwischen den Wappenscheiben, die um 1512 für das Freiburger Münster geschaffen wurden, und denen in Endingen, damals ein halbes Lebensalter, hat sich das Bild Ferdinands deutlich geändert. Seine Freiburger Scheibe (Abb. 5) enthält die Wappen von Österreich, dem Haus Valois (oder Kapetinger, später Bourbonen) für die Grafschaft

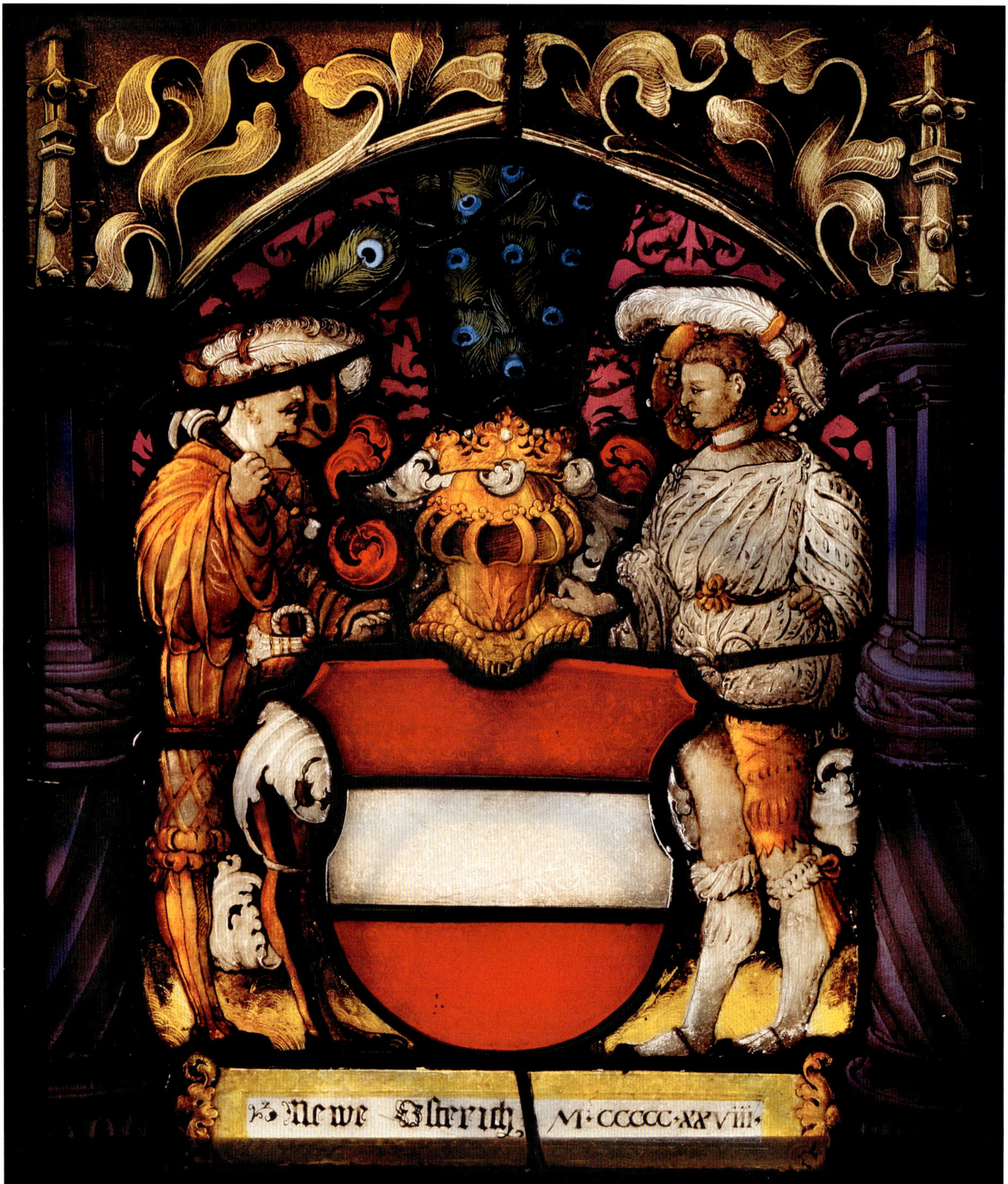

Abb. 4: Das Wappen „Newe Osterich“ von 1528 im Endinger Rathaus, das für Erzherzog Ferdinand, den Bruder Karls V., steht. Zwischen den Renaissancesäulen der österreichische Bindenschild, gehalten von zwei Landsknechten, darüber ein goldener Turnierhelm, mit Pfauenfedern geschmückt. Der „gotische“ Zierrat im oberen Bogen stammt offensichtlich aus anderer Quelle.

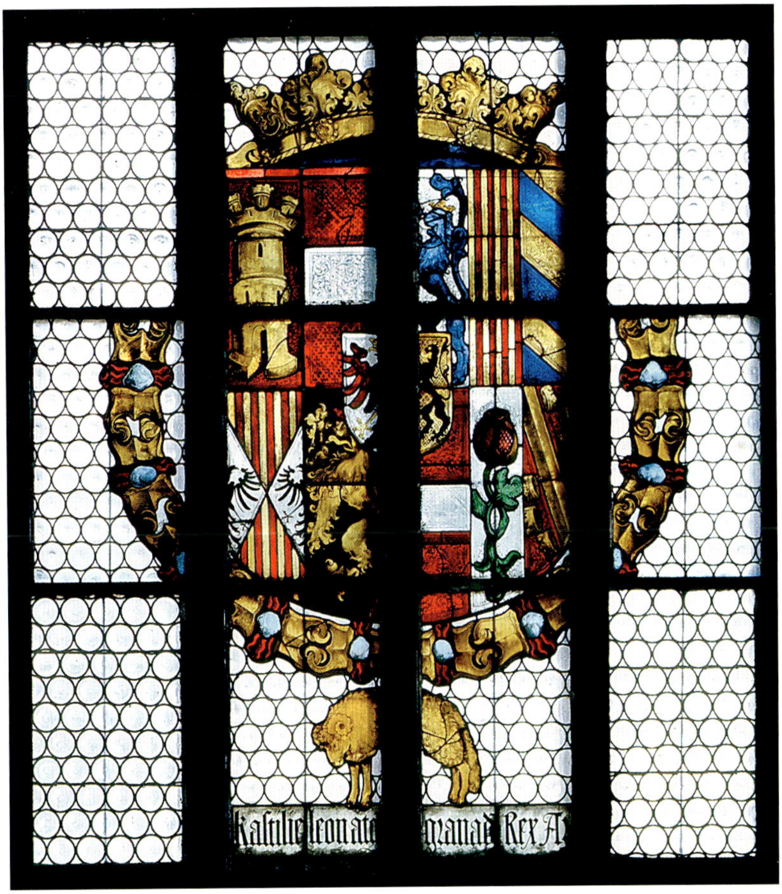

Abb. 5: Das Wappen des österreichischen Erzherzogs im Freiburger Münster von 1512 mit zugehöriger Krone und dem Orden vom Goldenen Vlies. Die goldenen Lilien auf Blau stehen für das Haus Valois, der schwarze Löwe auf Gold für Flandern, die übrigen Wappen repräsentierten, wie gehabt, Österreich, Burgund und Kastilien.

Artois, die ursprünglich französisch war, Flandern und Burgund. Obenauf findet sich die Krone eines Erzherzogs und darum der Orden des Goldenen Vlieses. Die Freiburger Wappenscheiben wurden mit dem kaiserlichen Hof abgestimmt. Es ist anzunehmen, dass auch die Endinger sich rückversicherten. Ferdinand war schließlich seit 1522 auch Statthalter der österreichischen Vorlande, zu denen Endingen gehörte. Eine mögliche Interpretation: Das Wappen symbolisiert die Institution „Newe Osterich“ und nicht die Person des Herrschers.

1520 huldigten die Endinger Kaiser Karl V., und dieser bestätigte für sich und seinen Bruder Ferdinand die Rechte der Stadt Endingen. 1521 beglaubigte Karl V. auch die Freiheitsbriefe der Stadt Endingen, wie es vor ihm Herzog Albrecht (1387), Herzog Friedrich (1412) und Herzog Sigmund (1467) getan hatten. Diese verschiedenen Rechte beruhten letztendlich auf der Stadtgründung durch die Üsenberger zwischen 1286 und 1290. Die Habsburger übernahmen 1379 die Stadtrechte der „ausgestorbenen“ Üsenberger in Folge der Übernahme der Stadt Freiburg in die österreichi-

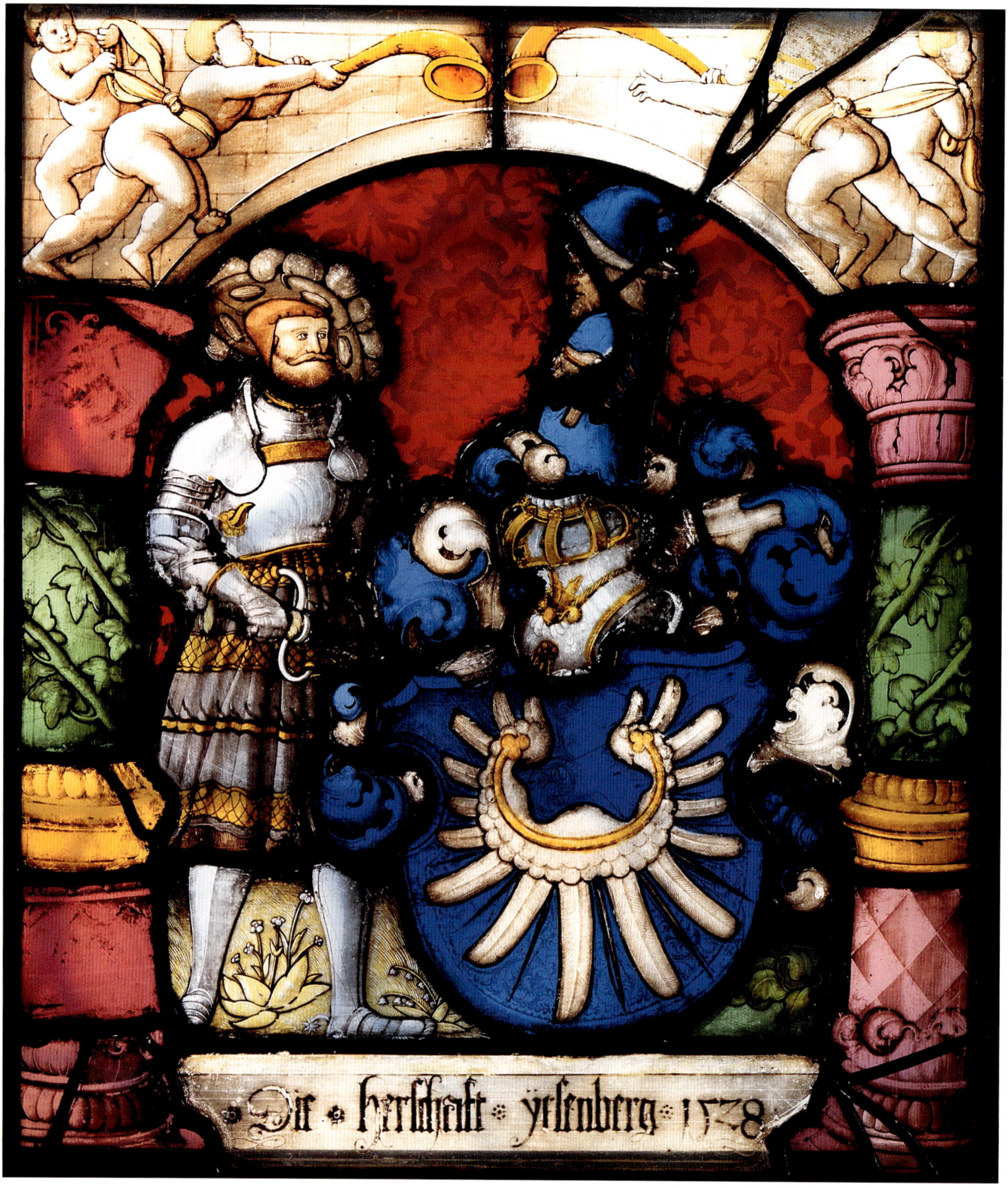

Abb. 6: „Die herschaft yesenberg“ von 1528, dargestellt durch den silbernen „Flug“ auf Blau. Dieses Blau ist schön „damasziert“. Der Schildhalter ist ein respektabler Ritter. Der Flug wird auf der Helmzier wiederholt, und zwar auf der Schulter des Mannes, der eine Zipfelmütze trägt. Die „Alphorn“ blasenden Putten im Bogen lassen sich nicht deuten.

schen Vorlande. Freiburg schloss nach dem Willen des lokalen Adels und des städtischen Patriziats 1370 ein „Schutz und Trutz"-Bündnis mit Österreich ab.

Die Zeit der Üsenberger – ihr Wappen ist ein silberner Flügel (heraldisch „Flug") auf blauem Grund (Abb. 6) – in Endingen reicht also weiter zurück als die der Habsburger. Erstmals wird ein „dominus Lamprechtus de Uosenberg" 1052 urkundlich genannt. Die Herren besaßen die Üsenburg nördlich von Breisach, die Burg Höhingen bei Achkarren, ein Lehen vom Bistum Basel, sowie die Vogtei, das heißt die Verwaltung der Fronhöfe des Klosters Einsiedeln in Riegel, Kenzingen und Endingen. Diesen Besitz hatte das Kloster Einsiedeln 969 von Kaiser Otto I. geschenkt bekommen. Später erhielten die Üsenberger auch die Vogtei der Höfe des Klosters Andlau, darunter auch der Dinghof in Endingen. Dinghof bedeutete, dass die Äbtissin von Andlau im Elsass die Gerichtsbarkeit in Endingen innehatte. Das Kloster Andlau war von der Elsässer Grafentochter Richgard 880/884 gegründet worden. Sie brachte dem Kloster umfangreichen Besitz im Breisgau ein, den sie 862 als Morgengabe zur Hochzeit mit Kaiser Karl III., auch Karl der Dicke genannt (839–888), bekommen hatte. Wie andere adlige Familien gelang es den Üsenbergern, einige dieser Lehen und Vogteien in Eigenbesitz umzuwandeln: Die Familie wurde mächtig und reich.

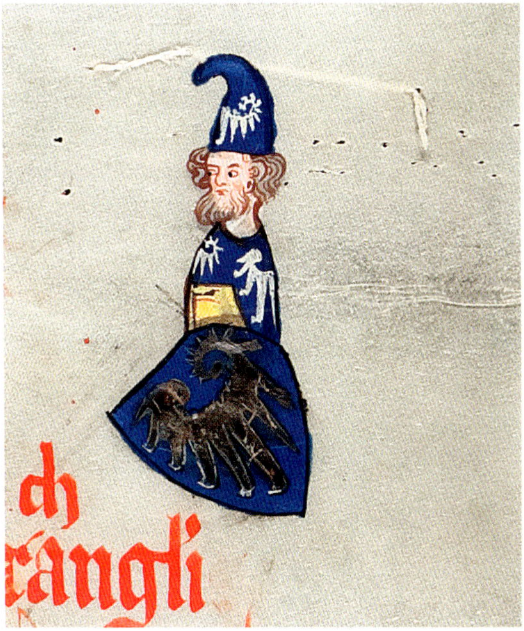

Abb. 7: Das Üsenberger Wappen aus dem Graduale von 1320 des Klosters Wonnental bei Kenzingen (Bad. Landesbibliothek Karlsruhe U.H.1, 201 r).

Zwischen 1284 und 1292 teilten die Üsenberger Vettern Hesso IV. und Rudolf III. den Familienbesitz auf. Die Hauptorte waren Kenzingen und Endingen, die damals zu Städten erhoben wurden. Zu Kenzingen gehörte das Zisterzienserinnen-Kloster Wonnental, das auch Rechte in Endingen besaß. In einem Graduale dieses

Klosters von 1320 ist auch ein Wappen der Üsenberger zu finden (Abb. 7). Die Üsenberger bedachten dieses Kloster im Laufe der Jahre reichlich. Sie brachten auch Töchter dort unter. Die Stadtrechte Endingens werden also mit dem Üsenberger Wappen im Ratssaal dokumentiert, obwohl die Familie bereits 1379 im „Mannesstamm" ausstarb. Teile des Erbes fielen damals an die Markgrafen von Hachberg, die Herren von Geroldseck, an die Pfalzgrafen von Tübingen, die Herren von Krenkingen, von Schwarzenberg und andere. Einen größeren Teil des Üsenberger Besitzes hatten die Hachberger 1379 Anna und Agatha, den Töchtern des letzten männlichen Üsenbergers, Hesso, abgekauft. Die Stadt Endingen fiel hingegen an Habsburg.

Eine Urkunde aus dem Jahr 1363 zeigt den Stand der damaligen Üsenberger im Breisgau auf (Stadtarchiv, Nr. 28). Die Urkunde, von den Brüdern Johan und Hesso, den Söhnen Burckharts von Üsenberg, als Brief bezeichnet, sichert den „ehrbaren Bürgern der Gemeinde gemeinlich von Endingen mit heiligem Eide, mit aufgehobenen Händen geschworen", alle früheren Rechte zu. Es wird der Stadt Endingen, dem Schultheißen, dem Richter und dem Rat zugesagt, dass Endingen nicht verpfändet wird (das gilt zugleich für alle Erben und Nachkommen), es wird gegen Angriffe geschützt und zu rechter Gemeinschaft „gemant" (aufgefordert). Das war so üblich. Interessant sind die Zeugen. Neben den Herren Johan und Hesso von Üsenberg siegeln (von links nach rechts) „unser Oheim" Graf Egon von Freiburg, Landrichter im Breisgau, Herr Peter von Hewen, Markgraf Otto von Hachberg und „unser Bruder" Herr Heinrich von Blumenegge. Bei dem Freiburger handelt es sich um Graf Egon II., gest. nach 1385.
„Oheim" ist eine etwas weitgefasste Aussage. Egons Halbbruder, Friedrich von Freiburg, war mit Anna von Sausenberg-Hachberg verheiratet, und deren Großeltern waren Heinrich II. von Hachberg und Anna von Üsenberg. Diese Anna war die Schwester Burckharts III. von Üsenberg, dem Urgroßvater unserer Johan und Hesso. Weiterhin sind die Freiburger und die Üsenberger versippt über die Großmutter von Egon II. und Friedrich, Katharine von Lichtenberg, Gattin Egons I. von Freiburg, und die Mutter Burckharts III., Elisabeth von Lichtenberg, Gemahlin Rudolfs II. von Üsenberg. Kompliziert wird es nun dadurch, dass der genannte Markgraf Otto I. von Hachberg ein Urenkel des Heinrich II. von Hachberg und der bereits genannten Anna von Üsenberg, der Schwester Burckharts III., war. Obendrein

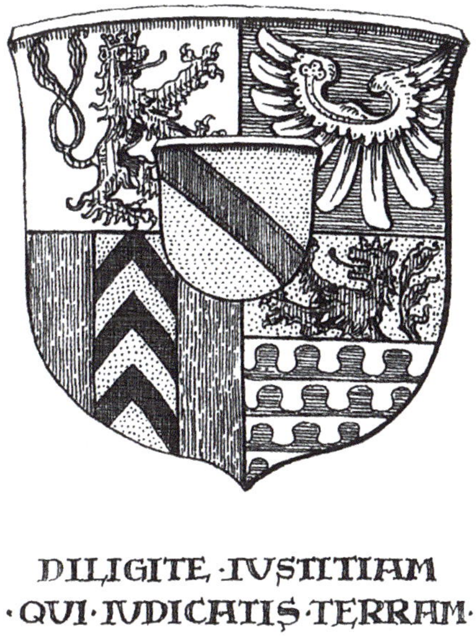

Abb. 8: Wappen des Markgrafen Jakobs III. von Hachberg aus dem 16. Jahrhundert.

war seine Mutter Anna (1) von Üsenberg, Frau des Heinrich IV. von Hachberg, eine Tochter Burckharts III. Heinrich IV. hatte also die Cousine seines Vaters geheiratet. Der nächste Zeuge Peter von Hewen (gest. 1371) gehörte ebenfalls zur Verwandtschaft der Üsenberger. Burkhart IV., der Vater Johans und Hessos, war in erster Ehe mit einer von Hewen verheiratet. Peter wird als Vetter des Johan von Üsenberg genannt. Peter war Herr von Engen (im Hegau), 1364 war er königlicher Diener Kaiser Karls IV. Herzog Leopold von Österreich bestätigte 1370 das Haus in Engen und die Burg Höweneck als seine Lehen. Verheiratet war Peter mit der Gräfin Catharina von Fürstenberg.

Der letzte Zeuge, „Bruder“ Heinrich von Blumenegge (Blumeneck, gest. nach 1366), war ein Schwager der Brüder Johans und Hessos. Heinrich hatte die Schwester der beiden, Clementa, geheiratet. Als weitere Ehefrau wird Udelhildis Gräfin von Fürstenberg (gest. 1365) genannt. Die Blumenecks tauchen sehr früh (um 1200) in Vorarlberg, im Hegau und 1262 auch im Oberelsass auf. Heinrich von Blumeneck ist zwischen 1329 und 1366 urkundlich gesichert. Die Urkunden betreffen Besitztümer und Lehen im Hegau und auf der Baar, aber auch das Dorf Herbolzheim, nördlich von Kenzingen, das ein bischöflich straßburgisches Lehen war. In Summa: 1363 waren die Üsenberger gut und standesgemäß „vernetzt“. 1379 war es, wie gesagt, mit ihrer Herrlichkeit zu Ende. Aber 1387 bestätigte Herzog Albrecht von Österreich der Stadt Endingen „alle die Freiheit Recht und Gnade und gute Gewohnheit, die sie nachweislich von denen von ‚Uosenberg‘ und von den römischen Kaisern oder Königen hergebracht haben“ (Abb. 9). Das blieb bis zum Ende des Heiligen Römischen Reiches deutscher Nation, 1803, so bestehen.

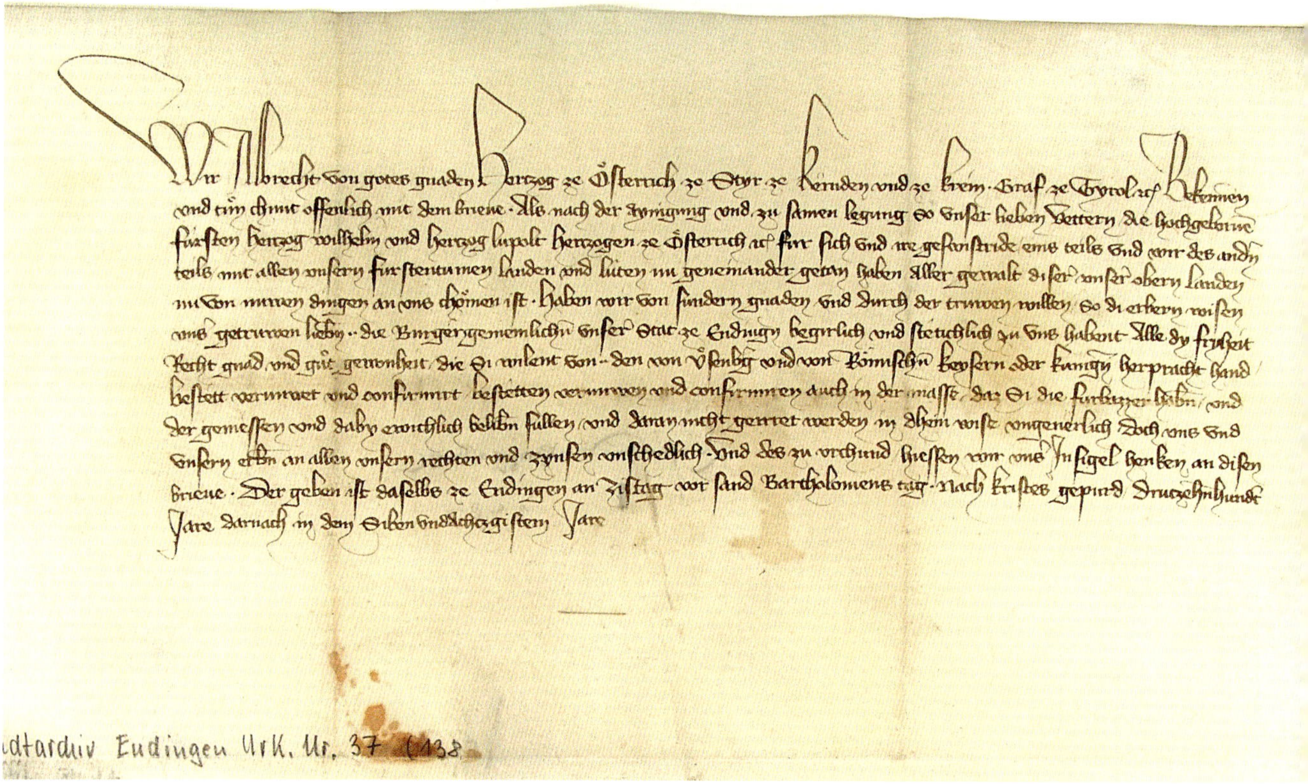

Abb. 9: Brief des Herzogs Albrecht von Österreich von 1387, worin er die Rechte und Pflichten der Stadt Endingen bestätigt (Stadtarchiv Endingen, Urkunde 37, Stadtarchiv Freiburg, L1 Endingen A, Nr. 37).

„Wir Albrecht von Gottes Gnaden Herzog zu Österreich, zu Steyr, zu Kärnten und zu Krems, Graf zu Tirol etc. bekennen und tun öffentlich kund mit dem Briefe. Als nach der Einigung und Zusammenlegung so unsere lieben Vettern die hochgeborenen Fürsten Herzog Wilhelm und Herzog Lupolt, Herzögen zu Österreich etc. für sich und ihre Geschwister eines Teils und wir des anderen Teils mit allen unseren Fürstentümern, Landen und Leuten nun gegeneinander getan haben, mit aller Macht dieser unserer oberen Lande nun von neuen Dingen, die an uns gekommen

sind, haben wir aus besonderer Gnade und um der Treue willen, wie die ehrbaren Weisen unserer Getreuen Liebe ... die Bürgergemeinde unserer Stadt zu Endingen begehrlich und stetig uns gegenüber haben, bestätigen, erneuern und konfirmieren wir alle die Freiheit, Rechte, Gnade und gute Gewohnheit, die sie vorwiesen und die von denen von Uosenberg und von Römischen Kaisern oder Königen hergebracht, bestätigt, erneuert und konfirmiert wurden, auch in dem Maße, dass sie die weiterhin haben und dermaßen und dabei ewig bleiben sollen und daran nicht irre werden, in keiner Weise ungeschützt durch uns und unsere Erben, und dass sie von allen unseren Rechten und Zinsen keinen Schaden haben. Und das zu beurkunden, heissen wir unsere Insiegel an diesen Brief hängen. Der gegeben ist daselbst zu Endingen am Zistag (Zischtig = Dienstag) vor Sankt Bartholomäus, nach Christi Geburt Dreizehnhundert Jahre darnach in dem siebenundachtzigsten Jahr.“

Die Hachberger behielten den Üsenberger Flügel noch lange in ihrem Wappen. Ein Beispiel stammt von Jakob III. (1562–1590), mit dem badisch-markgräflichen Wappen als Herzstück, dem zweischwänzigen Löwen der Markgrafen von Hachberg, dem Üsenberger Flügel, dem Wappen der Herren von Hachberg-Rötteln-Sausenberg (geteilt oben ein einschwänziger Löwe und unten weiß-blaue Wolken), und schließlich dem Wappen der Herren zu Badenweiler: „In Rot ein goldener, senkrechter Balken mit drei schwarzen Sparren“ (Köllhofer) (Abb. 8). So werden auch hier die „Stammlande“ festgeschrieben. Gelegentlich werden aber auch Rechtstitel auf Wappen oder in der Titelsammlung propagiert – für alle Fälle. Ein Beispiel ist der Titel „König von Jerusalem“ von Karl V. (Abb. 2).

Die ersten drei Scheiben, gewidmet Karl V., Erzherzog Ferdinand und der Herrschaft Üsenberg, stehen also für die Verträge zwischen Österreich und der Stadt Endingen zu „Schutz und Trutz“ und „zu Frommen unserer selbst und unserer Güter“, wie die alten Formeln heißen.

Die folgenden Wappenscheiben sind als Zeichen auswärtiger Herren und Institutionen anzusehen, die in Endingen großen Eigenbesitz oder andere Rechte besaßen. Diese Scheiben sind alle im selben Stil gehalten: ein Renaissance-Rahmen und ein geschmücktes Bogenfeld darüber. Die weitverbreitete Familie von Blumeneck (Blumenegge) ist zweimal vertreten: durch Hans Dieterich von Blumeneck, einen Ururenkel des vorgenannten Heinrich von

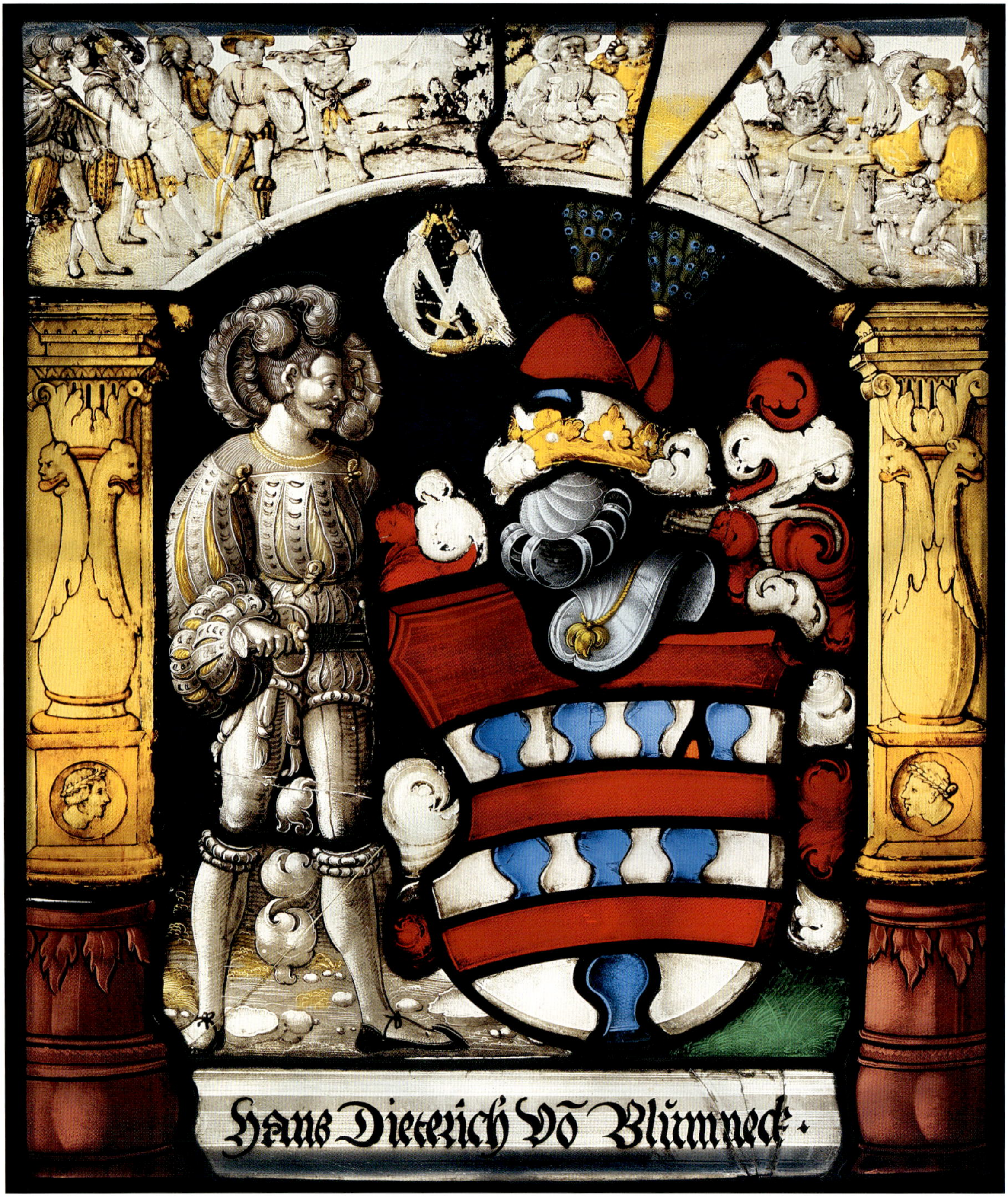

Abb. 10: Wappenscheibe des Hans Dieterich von Blumeneck. Zwei gut erhaltene Renaissancesäulen umrahmen den ritterlichen Schildhalter mit dem Schild der Familie Blumeneck. Das Zeichen des Ritterordens „Vom Fisch und Falken“ ist kaum zu erkennen. Im Bogen sind Szenen aus dem Landsknechtleben dargestellt: ein Zug mit einem Pfeifer und ein Treffen in einer Gaststube.

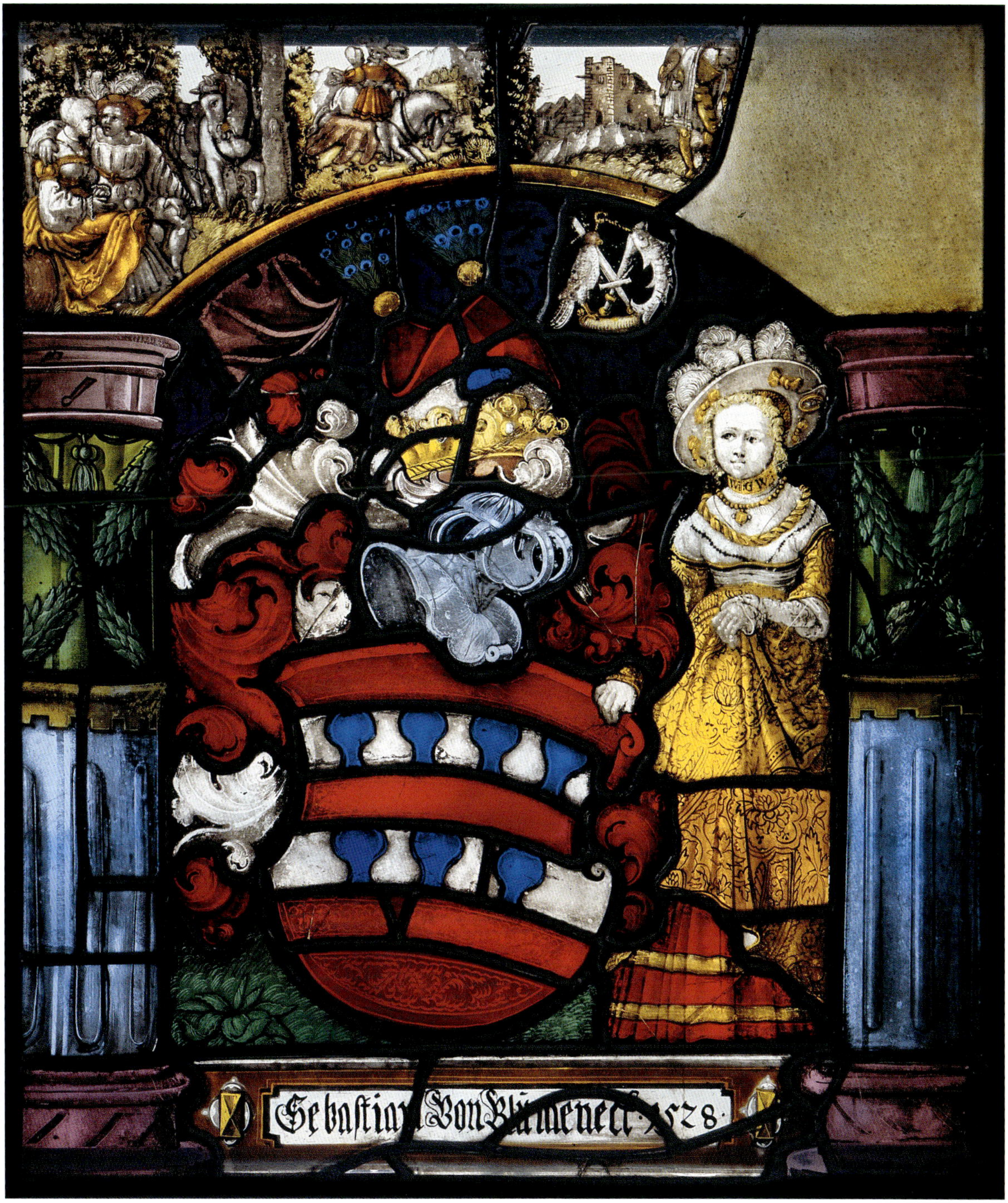

Abb. 11: Die Wappenscheibe des Sebastian von Blumeneck von 1528 mit intakten Renaissancesäulen und einer schönen Schildhalterin. Hier ist das Zeichen des Ordens „Vom Fisch und Falken" sehr gut erhalten. Helm und Helmzier gleichen denen des Onkels Hans Dieterich. Im Bogen sind ein Rendezvous im Wald, ein Reiter und ein Herr mit Falken vor einer Ruine dargestellt. Eine Ecke fehlt.

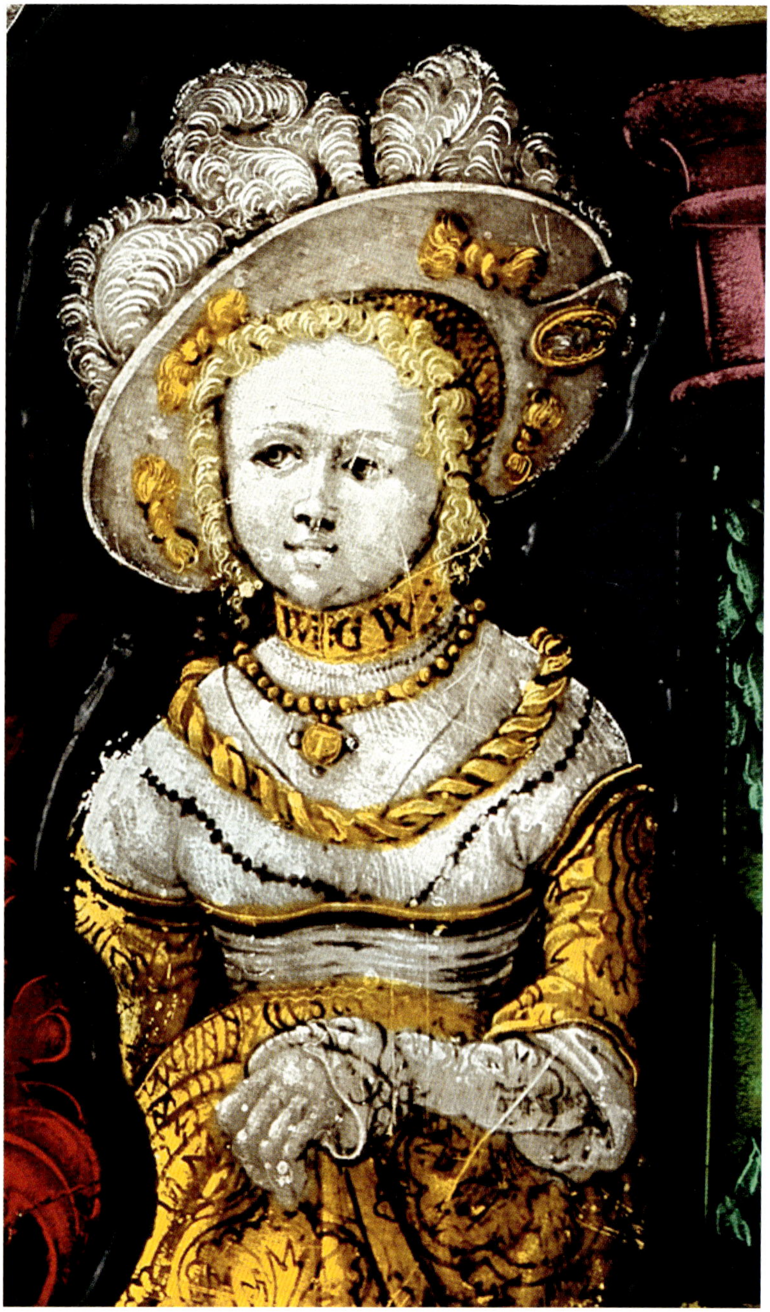

Abb. 12a: Ausschnitt aus Abb. 11: Schildhalterin mit Halsband-Aufschrift „W G W".

Abb. 12b: Das T-Kreuz auf ihrem Amulett.

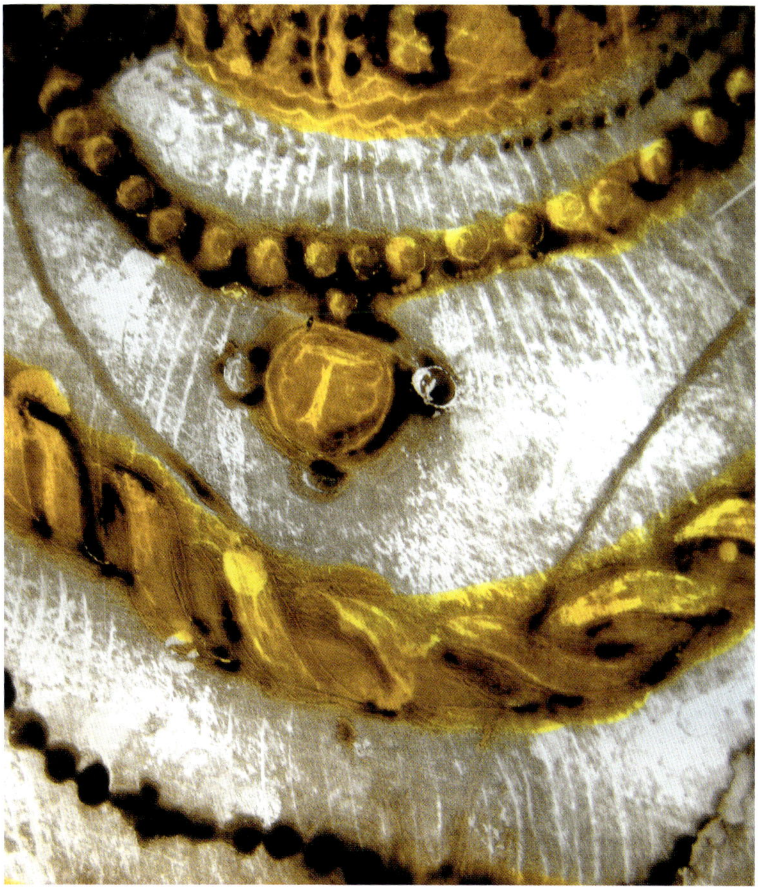

Blumenegge, und dessen Neffen Sebastian von Blumeneck. Das Wappen (Abb. 10) wird sehr unterschiedlich beschrieben: „Dreimal geteilt von blau-weißem Wolkenfeh" (Köllhofer), „zwischen roten Querstreifen in horizontaler Reihe gestellte Eisenhütlein" (weiß-blau) (Kurrus) und „6mal quergetheilt, in w. b. Wolken" (Kindler von Knobloch). Über dem Wappen sitzt ein Turnierhelm mit Krone, Bischofsmütze und Pfauenfedern. Daneben, nicht sehr gut erhalten, das Zeichen der Rittergesellschaft „Vom Fisch und Falken". Die Rittergesellschaften „Falke" in Oberschwaben und „Fisch" am Bodensee veranstalteten bis 1484 gemeinsam und ab da als verei-

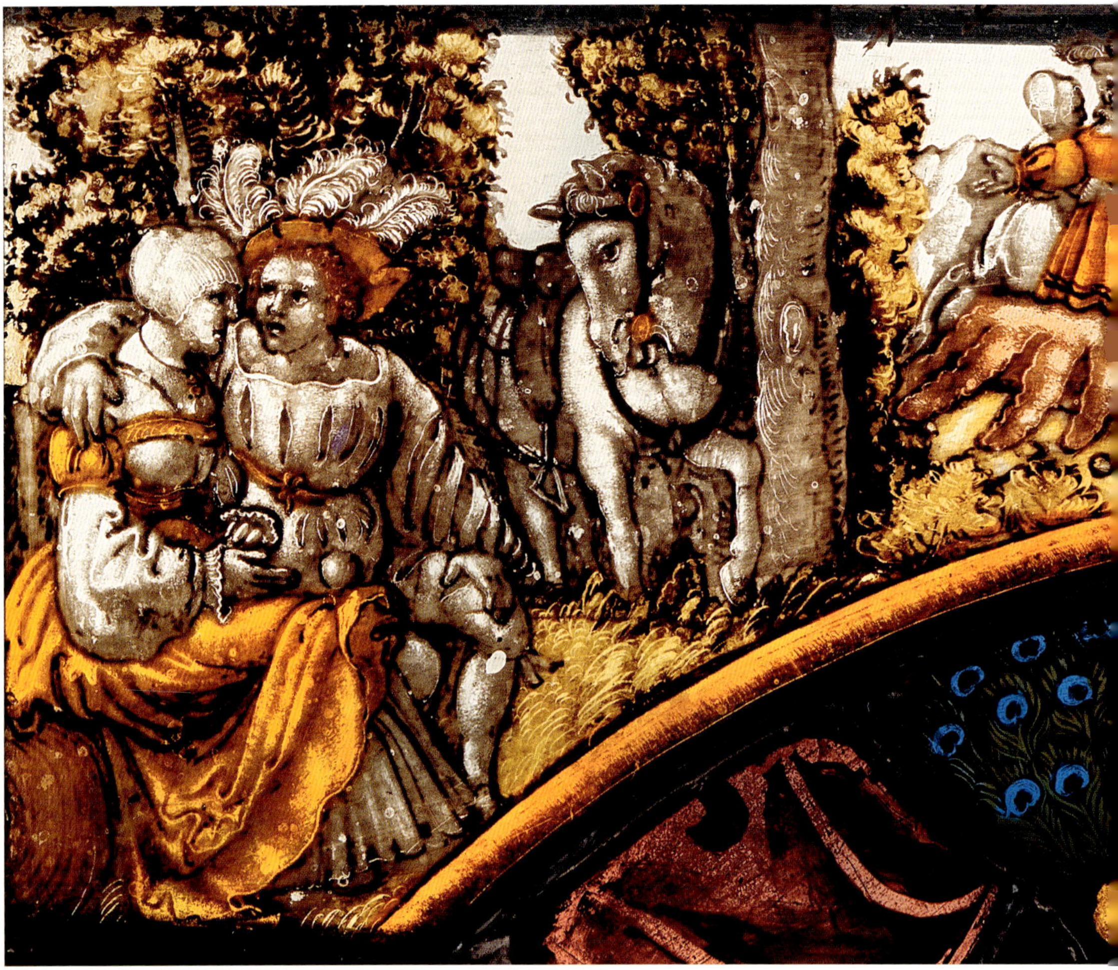

Abb. 13: Ausschnitt aus Abb. 11: Szenen im Bogenfeld.

nigte Gesellschaft „Vom Fisch und Falken“ zwischen 1479 und 1487 acht große Turniere, die „Vier-Lande-Turniere“, in süddeutschen Städten. Im oberen Bogenfeld sind Szenen aus dem Landsknechtsleben dargestellt; von links (heraldisch rechts): Pfeifer und Trommler, Rast sowie Trunk in der Schenke. Diese Bilder, leider ebenfalls in schlechtem Zustand, passen zu dem bewegten Leben des Herrn Dieterich. Tituliert wird er als Herzoglich Österreichischer Rat (1478), Hauptmann der Landsknechte (1481), Rittergesellschaft „Vom Fisch und Falken“ (1484), oberster Haupt-

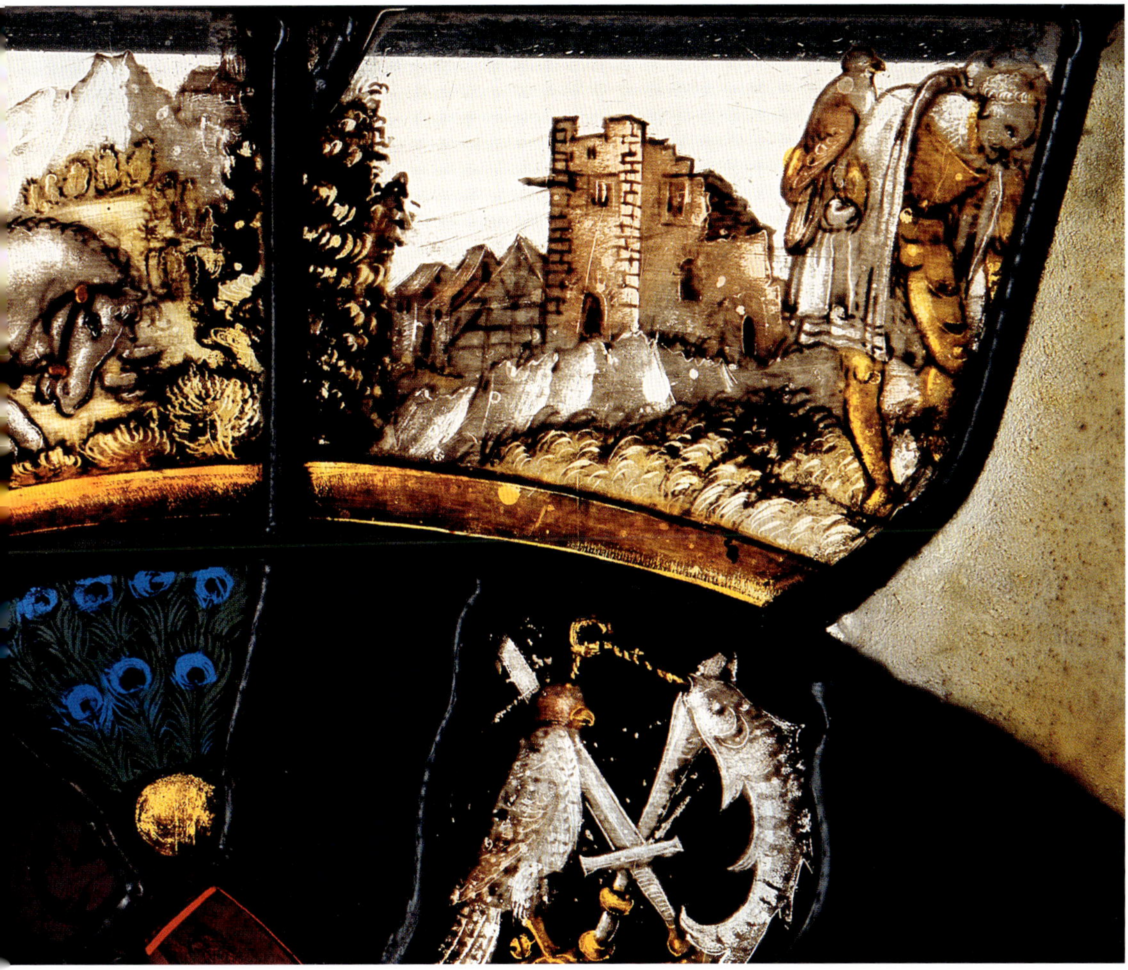

mann in Thiengen (1499), Hauptmann der Landsknechte im Schwabenkrieg oder Schweizerkrieg (Januar bis September 1499 – ein Krieg der Habsburger gegen die Schweizer Eidgenossenschaft, den die Eidgenossen gewannen) sowie als Befehlshaber von Truppen in französischem Sold. Dieterich war zweimal verheiratet: zunächst mit einer von Freyberg (Vorname unbekannt), anschließend mit Margaretha Schnewlin von Landeck. Am Schweizerkrieg mussten auch Endinger teilnehmen. Die Überlebenden wurden für ihre Tapferkeit gelobt (Treffeisen).

Von Dieterichs Bruder Jacob Heinrich ist wenig bekannt. Er hatte drei Söhne, Sebastian, Matthis (Bürgermeister in Freiburg 1503, 1507) und Adrian, der früh verstarb. Sebastians Wappenscheibe in Endingen (Abb. 11) gleicht der seines Onkels Dieterich, nur der untere Teil des Wappens war einst beschädigt und wurde durch rote Teile ergänzt. Das Zeichen der Rittergesellschaft „Vom Fisch und Falken" ist hier sehr gut erhalten. Außerordentlich schön ist die Schildhalterin (Abb. 12a). Rätselhaft sind die Buchstaben „W G W" auf ihrem Halsband. Das „T" – oder ein griechisches Tau – auf ihrem Amulett ist wohl einfach das seinerzeit häufig verwendete Kreuzzeichen (Abb. 12b). Hans Baldung Grien zeichnete und malte eigentlich nur diese crux commissa, so auch bei dem Kruzifix auf der Rückseite des Freiburger Hochaltars und auf der berühmten Kreuzigung Christi in der Gemäldegalerie Berlin. Auch Lucas Cranach (1472–1553), ein Zeitgenosse Hans Baldungs, malte das T-Kreuz auf Golgatha. Bei Cranach finden sich ebenfalls viele weibliche Figuren mit Brokatgewändern, dem juwelengezierten Halsschmuck und wertvollen Goldketten, wie sie die Schildhalterin der Wappenscheibe des Sebastian von Blumeneck tragen. Insofern sind diese Endinger Damen „richtig" dargestellt. Die Szenen im Bogenfeld muten regelrecht romantisch an – von links (heraldisch rechts): ein Edelmann mit einer Dame beim Rendezvous, ein Reiter und eine Burgruine mit einem Falkner (Abb. 13). Die Szene erinnert an das von Hans Baldung gezeichnete Keuschheitsgebot in einem Werk des Franziskaners Marquard (oder Marcus) von Lindau, das 1516 gedruckt wurde. Verglichen mit seinem Onkel war Sebastian ein friedlicher Bürger: Teilherr in Riegel (1481, 1491), Bürgermeister in Freiburg, Vogt der Grafen von Tübingen in Freiburg und Rottweil (1512, 1534). 1536 wird Sebastian als oberster Meister oder Münsterpfleger der Kirche Unserer Lieben Frauen in Freiburg genannt. Er war es wohl, der den in Straßburg lebenden Maler Hans Baldung gen. Grien nach Freiburg holte. Er wurde zusammen mit anderen noblen Herren Freiburgs von ihm porträtiert (Abb. 14).

Im Hochchor des Münsters gibt es auf der Südseite vier Wappenscheiben der Blumenecker. Genannt werden zwölf Familienmitglieder. Diese Wappenscheiben sind in den Jahren 1511/12 von Hans Gitschmann von [aus] Ropstein gefertigt worden und belegen die Stiftungen der Familie für die darüber befindlichen Fenster. Die Familie war weitverbreitet, von Vorarlberg bis in das Elsass. Erwähnt seien

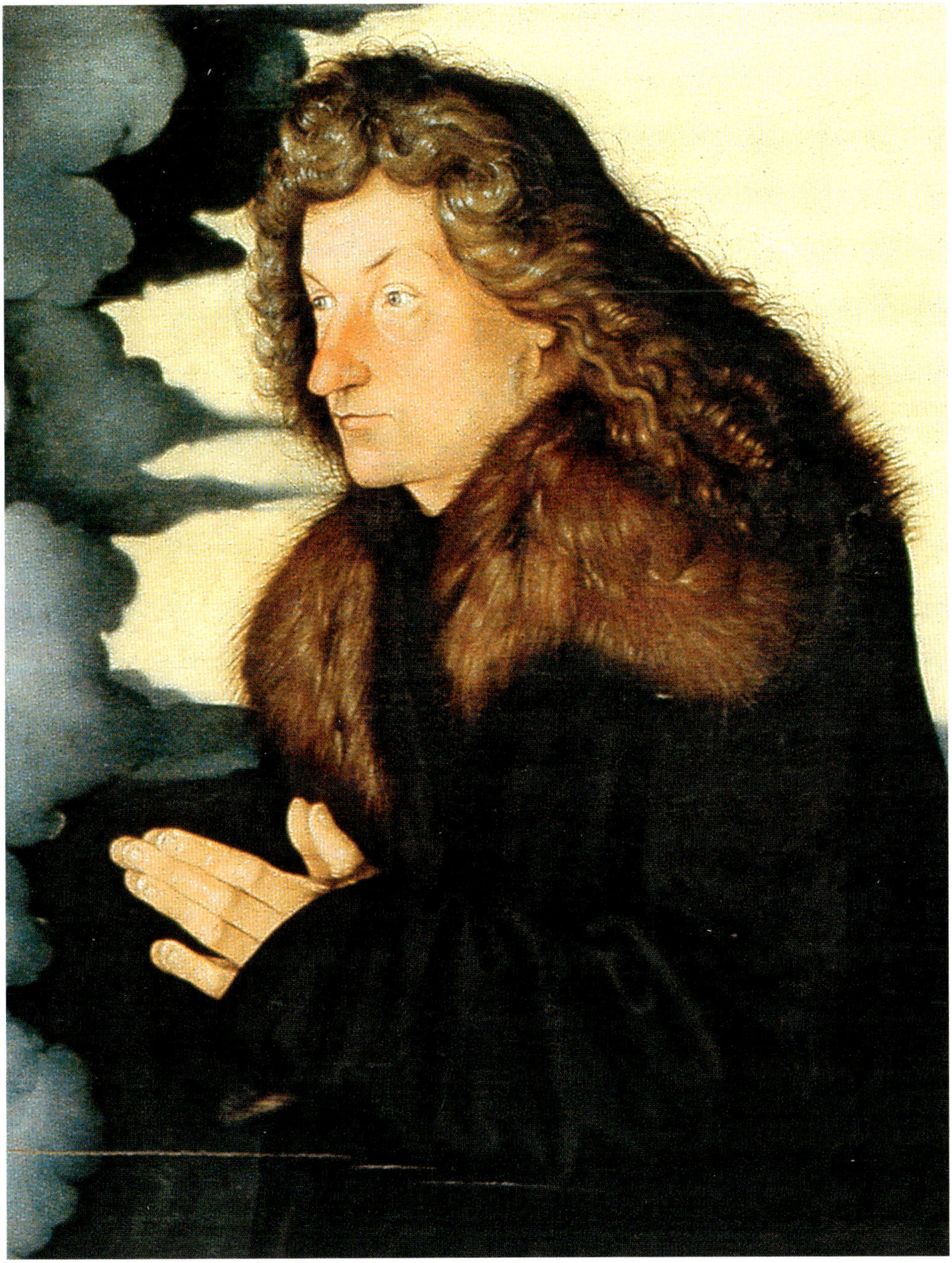

Abb. 14: Porträt des Sebastian von Blumeneck auf der Rückseite des Hochaltars des Freiburger Münsters von Hans Baldung gen. Grien.

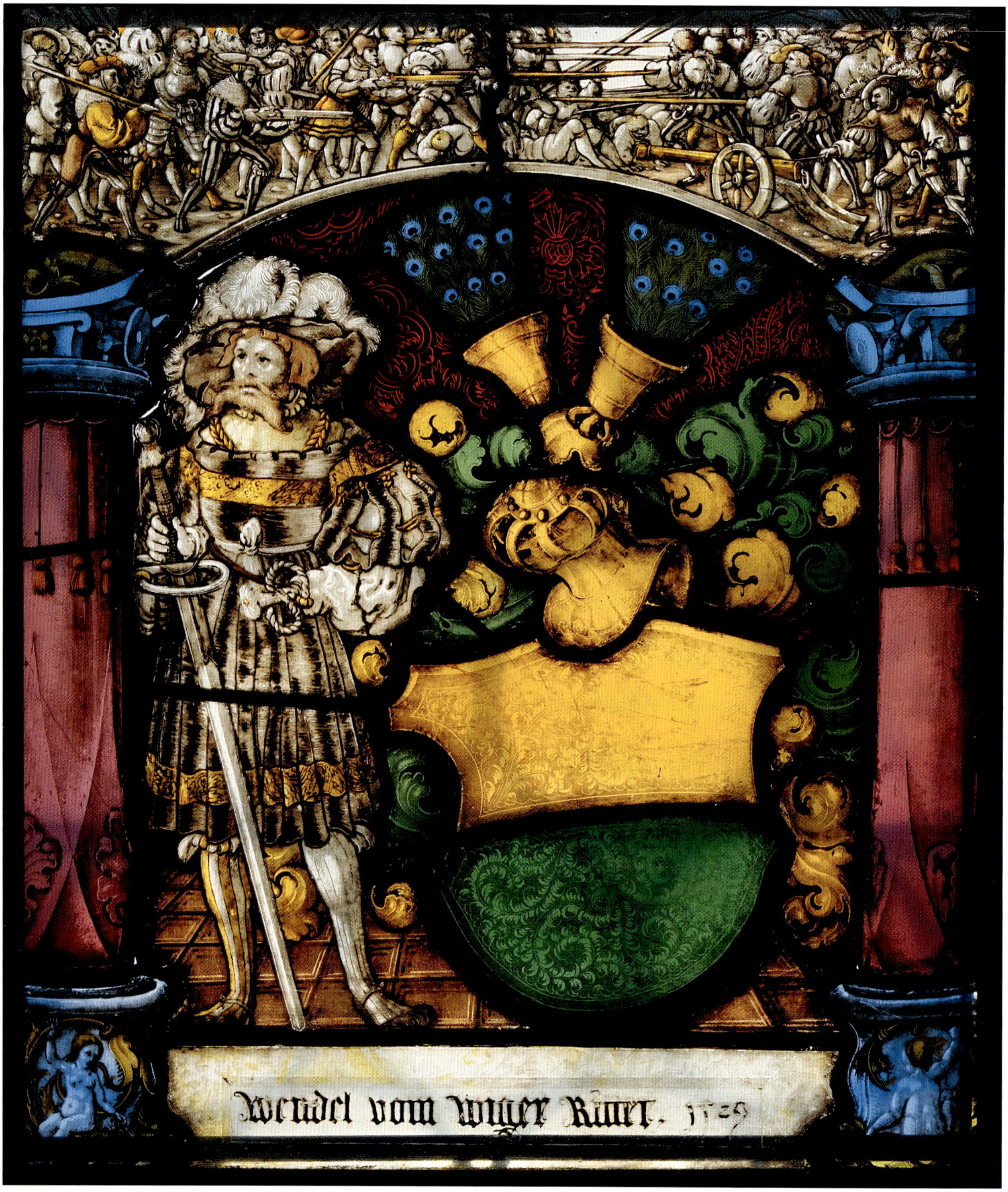

Abb. 15: Wappenscheibe des Ritters Wendel vom Wiger aus der Familie Snewlin von 1529, deren Wappen hier gezeigt ist. Der Wappenhalter ist ein gewaltiger Ritter gerüstet mit einem Bidenhänder und einem Dolch (Misericordia – diese Waffe diente zum „barmherzigen“ Abstechen des gestürzten Gegners). Im Bogen ist das Treffen zweier Landsknechthaufen dargestellt. Diese Scheibe ist die einzige der Endinger Sammlung ohne Schäden oder Reparaturen.

hier noch die zwei Äbtissinnen des Klosters Wonnental: Ursula I. von Blumeneck (1472–1477) und Anna von Blumeneck (1541–1546).
Zur Verwandtschaft der von Blumenecks gehörten die Schnewlins. Die Frau des Dieterich war eine Schnewlin-Landeck. Ein anderer Zweig der Familie waren die „zum Wiger". Zu den Vorfahren des Wendel vom Wiger (Abb. 15) zählen Konrad Dietrich Schnewlin im Hof, der 1324 die Burg Wiger bei Emmendingen von den Johannitern kaufte, weiter ein Gefolgsmann der Grafen von Hachberg, Johann Schnewlin gen. zum Wiger (1352–1373), Pfleger der Gisela Malterer und deren Kinder. Zu seiner Zeit wurde die Burg Wiger von den Freiburgern zerstört. Jetzt steht an ihrer Stelle das später errichtete „Weiherschlösschen" (auf dem Gelände der Zentrale für Psychiatrie in Emmendingen). Seine Frau war Beate von Hornberg. Der Sohn des Johann war Konrad Dietrich gen. zum Wiger (gest. vor 1398). Er wird 1392 als Vogt der Anna von Üsenberg genannt. Verheiratet war er mit Anna von Ampringen aus einer schwäbischen Adelsfamilie. Am 2. Februar ertrank der Junker Erasmus Snewlin zum Weiher in der Elz. Neben seinem Bruder Wendel war er der letzte bekannte männliche Nachfahre dieses Zweiges der Snewlins. Die Witwe des unglückseligen Erasmus, Magdalena geb. von Reinstein, besaß 1539 das Haus zum Maientau in der Salzstraße in Freiburg. Die Burg blieb zunächst in der Familie, Magdalena, die Tochter des Erasmus, brachte sie in ihre Ehe mit Claudius Böcklin von Böcklinsau (gest. 1537) ein (Urkunde Nr. 120). Hans Baldung gen. Grien zeichnete 1534 einen Wappenscheibenriss für Böcklin mit einem Ritter als Schildhalter („BaldungGrien, Hans Wappenscheibenriß [4]). Auf der Wiger-Scheibe steht neben dem prächtigen, mit Schwert und Dolch gerüsteten Ritter das Wappen der Schnewlins. Die Glocken über dem Turnierhelm sind den Wigers zuzuordnen. Die Pfauenfedern erscheinen hier wie auch auf vielen anderen Schilden der Zeit. Im Bogen oben findet eine Schlacht zwischen zwei Landsknechtshaufen statt (Abb. 15), sehr lebhaft dargestellt und vergleichbar mit vielen anderen Bildern der deutschen Frührenaissance. Zeugnisse der reichen Familie Schnewlin sind natürlich auch im Freiburger Münster vorhanden. Vermutlich kamen diese Schnewlins als staufische Ministeriale nach Freiburg – oder auch als Kaufleute (Schnewlin-Krämer) nach der Stadtgründung durch die Zähringer (1120). Hans Ludwig Spilmann gehörte zu den Lehensleuten der Blumenecks in Endingen. Er war 1487 Schultheiß in Breisach. Von 1460 bis 1565/66 sind die Spilmanns im

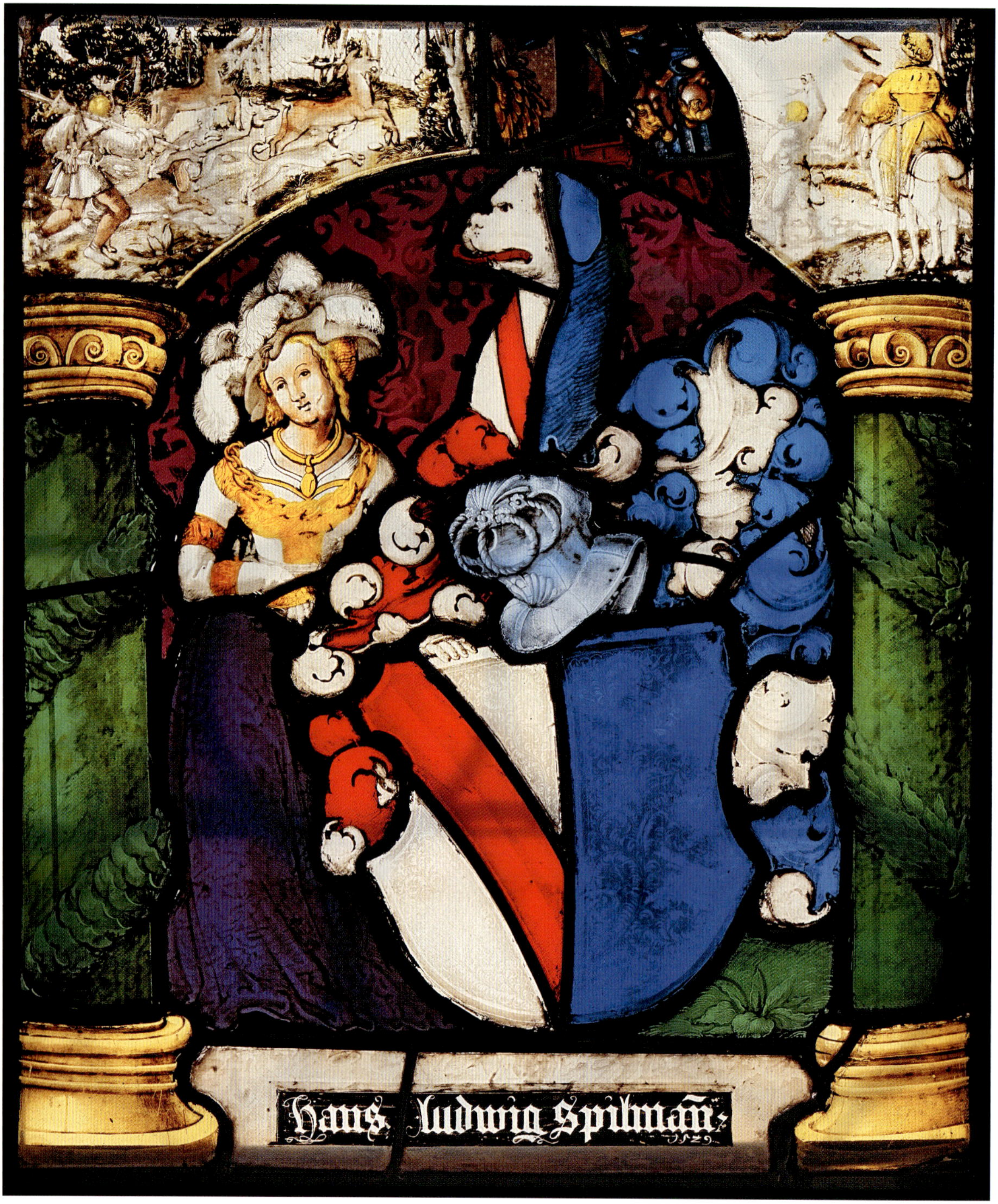

Abb. 16: Die Wappenscheibe des Hans Ludwig Spilmann von 1529 mit einer schönen Schildhalterin und zwei Jagdszenen im Bogenfeld: Hirschjagd mit Hund und Knecht sowie Falkenjagd. Der Knecht bewegt das sogenannte Spiel.

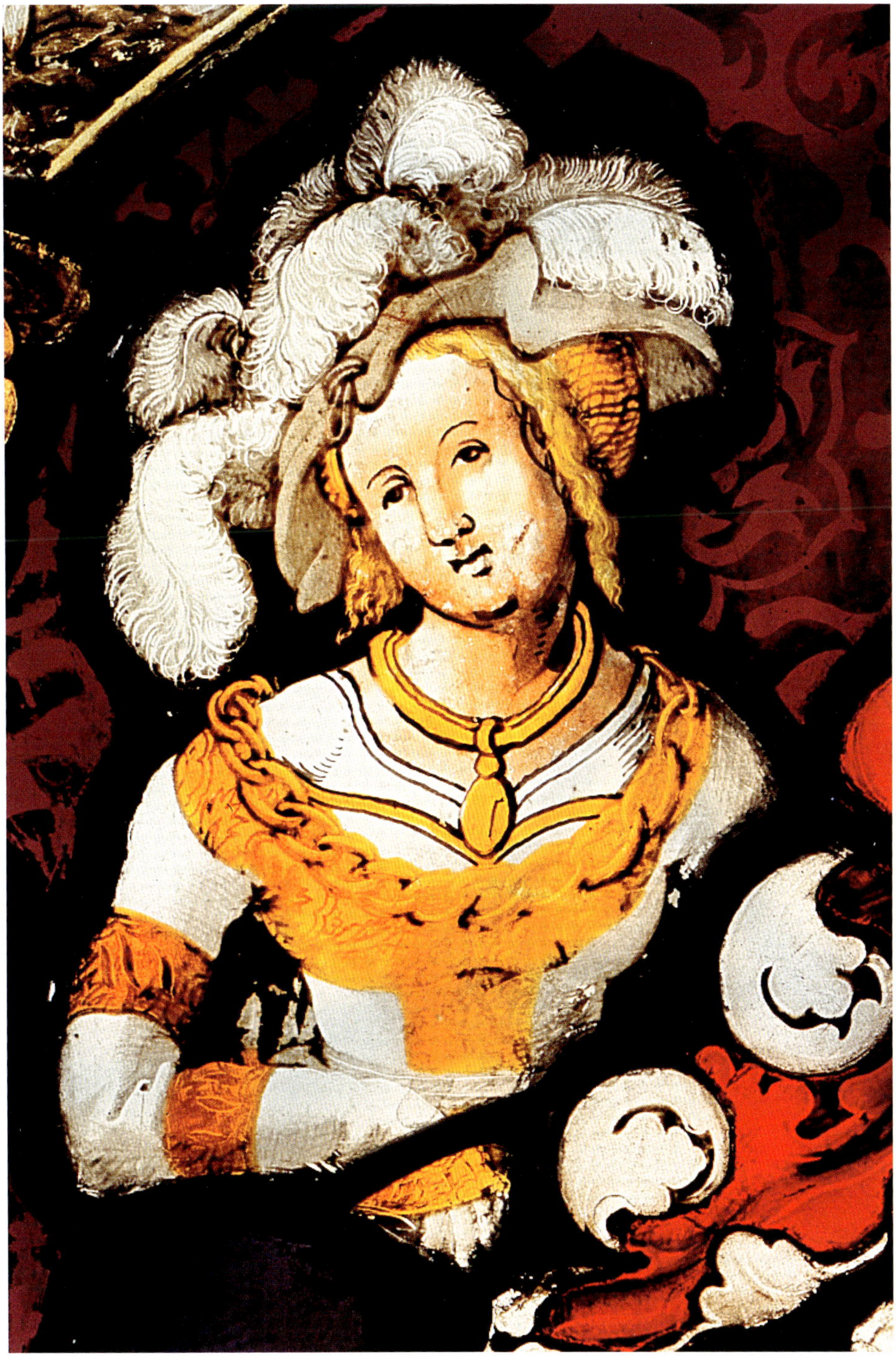

Abb. 17: Ausschnitt aus Abb. 16: Schildhalterin mit dem Amulett, das auch das T trägt.

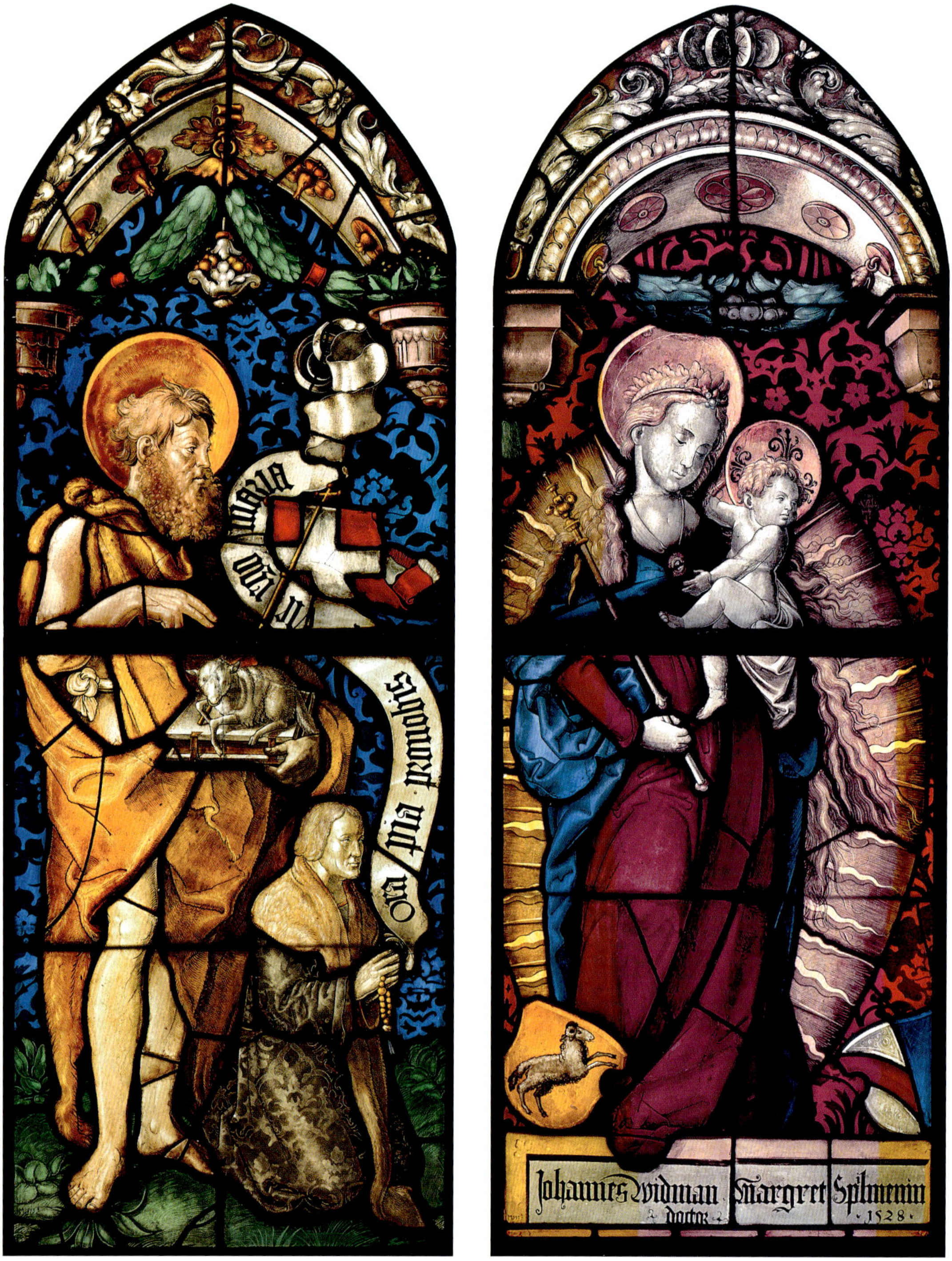

Abb. 18: Glasfenster aus der ehemaligen Kartause in Freiburg im Breisgau, gestiftet 1528 von Johannes Widmann und Margarete Spilmann. Dargestellt sind Johannes der Täufer mit Buch und Lamm, die Muttergottes im Strahlenkranz und die hl. Margarete als Drachentöterin mit zwei weiblichen Stifterfiguren, nämlich Margret und seine zweite Frau Helena Hirt.

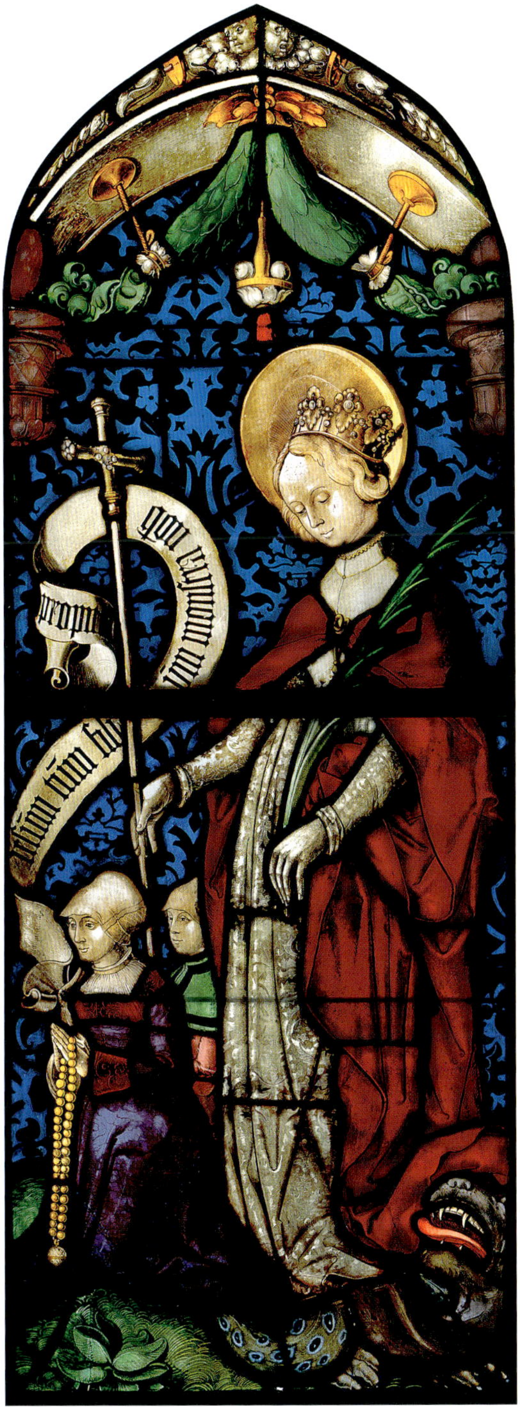

Häuserstand der Stadt Freiburg dokumentiert. Ein Michel Spilmann aus Straßburg war von 1453 bis 1470 Ratsmitglied, Oberzunftmeister und Gemeindevertreter. Afra Spilmann, Tochter eines (Hans ?) Ludwig Spilmann, war Universalerbin des Michel Spilmann. Sie heiratete 1507 den Jakob Villinger, Verwalter des Hofmeisteramtes bei Kaiser Maximilian I. Nach dem Tod ihres Gatten vermählte sie sich 1519 mit Konrad Stürtzel, dem Sohn des Kanzlers der Universität. Das Spilmann'sche Wappen ist schwierig zu deuten (Abb. 16). Ein roter Schrägbalken auf Weiß (Silber) ist für den Breisgau und die Nordschweiz als Adelswappen nicht zu finden. Allerdings führte die Stadt Straßburg ein silbernes Schild mit rotem Schräglinksbalken. Somit könnte der aus Straßburg nach Freiburg gezogene Spilmann ein Straßburger Amtsträger gewesen sein. Der Hundskopf als Helmzier ist nicht zuzuordnen. Wie bei Sebastian von Blumeneck hält eine schöne Frau den Schild (Abb. 17). Ihr Amulett weist auch das „T" auf, das ältere christliche Kreuz, crux commissa. Der Rock ist zum Teil nicht original. Im oberen Bogen sind zwei Jagdszenen – mäßig gut – erhalten. Heraldisch rechts: eine Hirschjagd mit Hunden

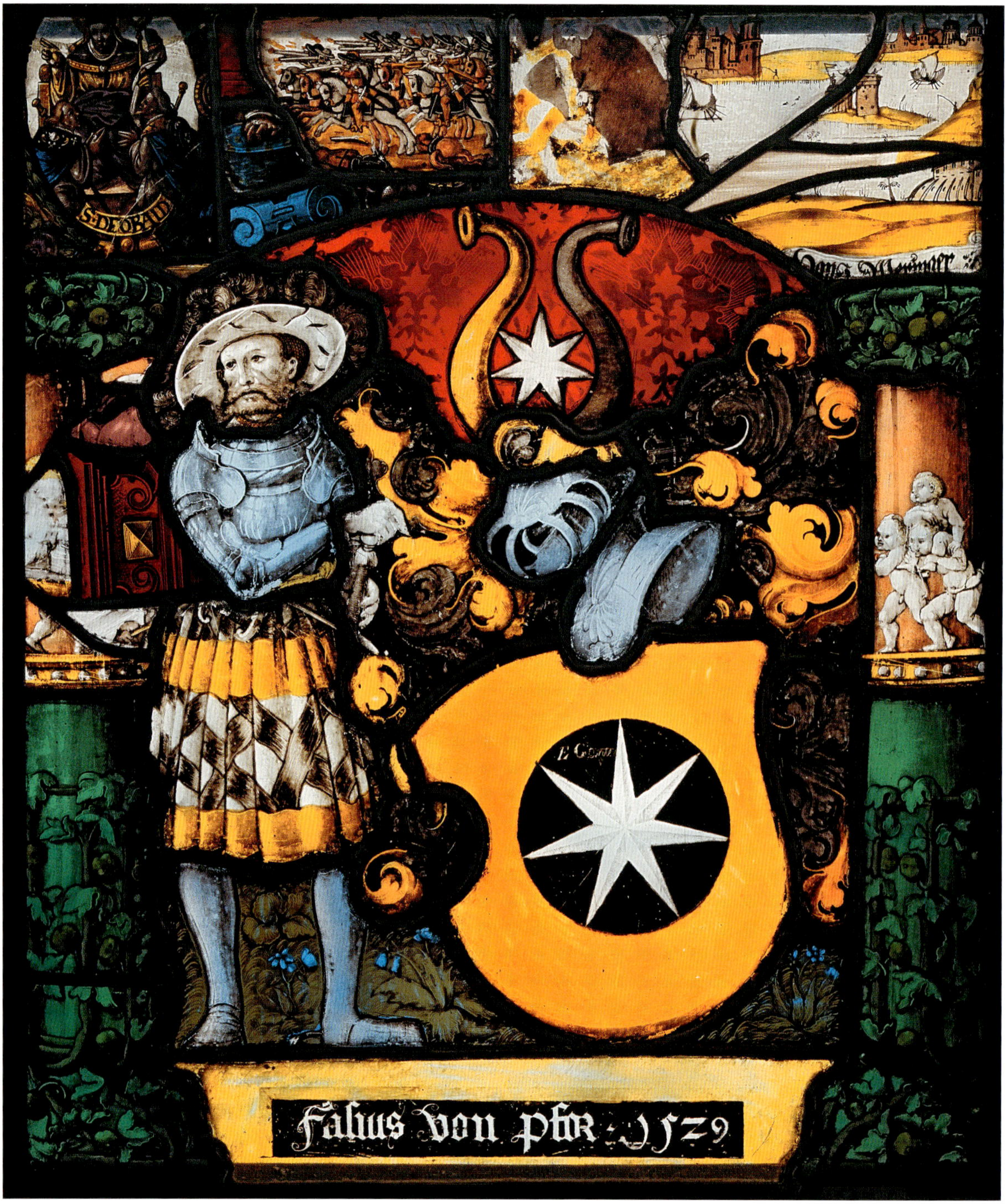

Abb. 19: Die Wappenscheibe des Fasius von Pfor von 1529. Die Scheibe hat einige Defekte und spätere Zutaten. Dazu gehört wohl der hl. Deobald (Theobald) im oberen Bogenfeld wie auch die dort in der Mitte zu sehende Reiterattacke. Die Reiter sind mit Musketen bewaffnet. Der ritterliche Schildhalter steht auf einer schönen Blumenwiese.

und Knecht; links: ein Ritter zu Pferd mit einem Knecht bei der Jagd mit dem Falken. Sollten diese Szenen sich auf die Spilmanns beziehen, deutet auch das auf den Adelsstand hin.

Die Familie muss über viel Geld verfügt haben. Für das Refektorium der Freiburger Kartause stiftete Margarete Spilmann nämlich zusammen mit ihrem Mann Johannes Widmann drei Fenster. Sie zeigen Johannes den Täufer, den Namenspatron Widmanns, Maria im Strahlenkranz und die hl. Margareta, die Namenspatronin von Margarete Spilmann (Abb. 18). Die Fenster wurden 1528 von der Werkstatt des Hans Gitschmann gefertigt. Jedes ist etwa 53 cm breit und etwa 150 cm hoch. Die Figuren, Johannes der Täufer, Maria und die hl. Margaretha, sind also etwa dreimal so groß wie die Heiligen der Endinger Scheiben. Johannes Widmann war Mediziner. Er studierte in Tübingen und wurde in Freiburg Professor und Stadtarzt. Von 1512 bis 1520 war er Leibarzt des Markgrafen von Baden. Nach 1520 lebte er wieder in Freiburg. Zu Füßen der Madonna im Strahlenkranz sind die Wappen der Stifter, Widmann und Spilmann, platziert. Das Wappen Spilmann ist heraldisch korrekt links angeordnet, sollte aber gegenüber dem Endinger Wappen gespiegelt sein – so sind die heraldischen Regeln für weibliche Mitglieder einer Familie.

Die Familie von Pfor war nachweislich vor allem in Breisach ansässig. Falius (auch Vasius, Gervasius) von Pfor, auch Pforr (Abb. 19), war 1516 Bürgermeister von Breisach und starb vor 1532. Dieser Gervasius Pforr war Rappoltsteiner und Fürstenbergischer Lehnsmann. Sein Vater Hans Werner Pforr war oberster Vogt der Veste und Herrschaft Rheinfelden und Amtmann der Herrschaft Burg(k)heim. Er war wahrscheinlich zweimal verheiratet: zunächst mit Claranna Schnewlin zum Weyer, nach deren Tod mit Anna von Blumeneck. Ein Bruder des Gervasius, Anton, war Dechant in Endingen und österreichischer Lehnsmann, das schloss ein Lehen in Endingen mit ein. Im Bogen sind teilweise eingefügte Stücke zu sehen, von heraldisch rechts: St. Theobald, der Heilige von Thann im Elsass, eine Kavallerie-Attacke und außen, vermutlich original, Stadt und Burg an und in einem Fluss (Abb. 20). Vermutlich handelt es sich um Breisach am Rhein und die alte Üsenburg. Der Schriftzug darunter (siehe Bild 19), Hans Meringer (?), ist wohl später hinzugekommen und konnte bislang nicht zugeordnet werden. Anzumerken ist, dass Wilhelm Rappoltstein ab 1512 österreichischer Landvogt im Elsass und Statthalter im Breisgau war.

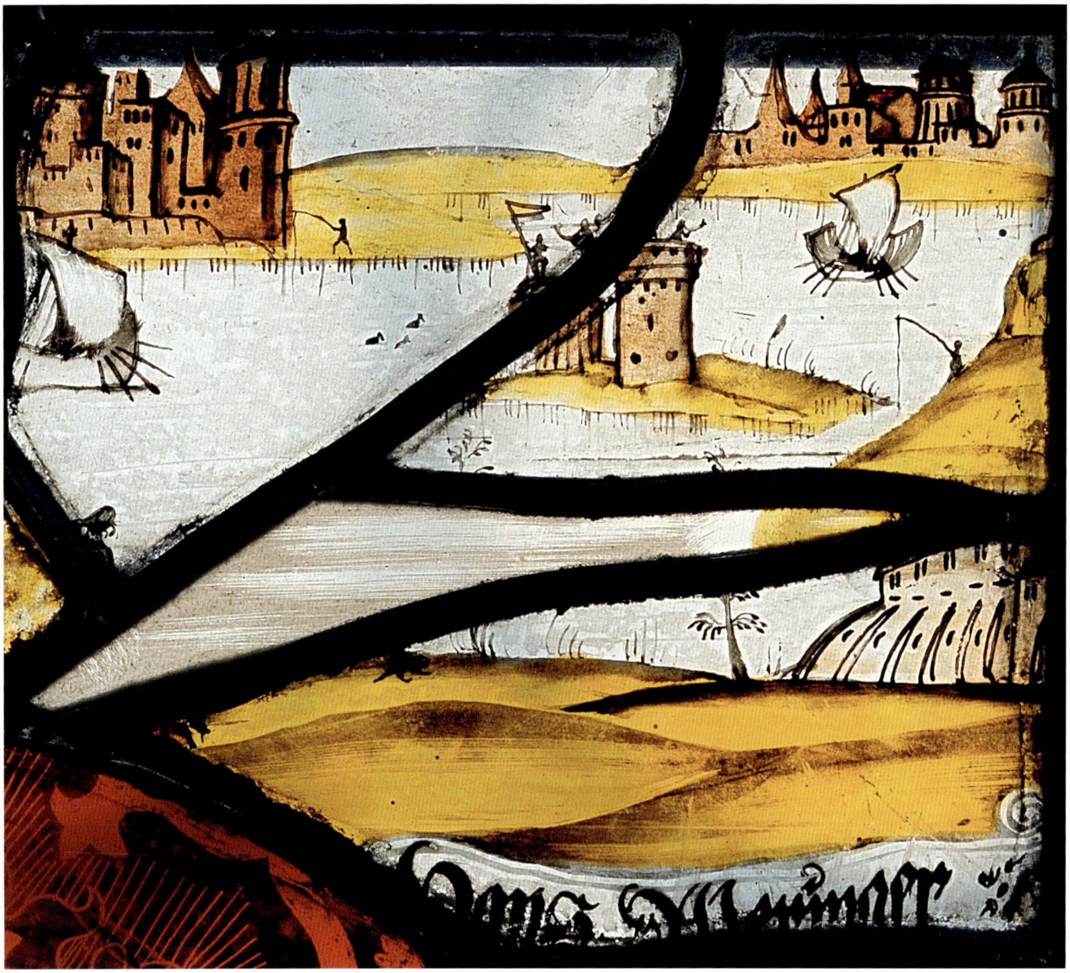

Abb. 20: Ausschnitt aus Abb. 19: Burgen an und in einem Fluss, Rhein, Breisach und Üsenburg?

Mit Alexius von Pfirt erscheint in Endingen eine weitere Familie, die mit den Habsburgern, den Blumenecks, den Grafen von Freiburg (Urach) und den Schnewlins versippt war (Abb. 21). Die Großmutter des Alexius war eine Margaretha von Blumeneck, seine Tante Elsbeth war mit Anton Schnewlin von Landeck verheiratet. Der Bruder Johann war Kaiserlicher Rat, dessen Witwe stiftete das Spital und die Kaplanei in Biengen. Der Vater des Alexius, Ludwig zu Biengen, war Mitherr zu Riegel. Von Alexius selbst ist hingegen nur bekannt, dass er ein Lehen in Biengen hatte und dort lebte. Der Sitz der Familie war, als sie Grafen waren, Hohenpfirt, das

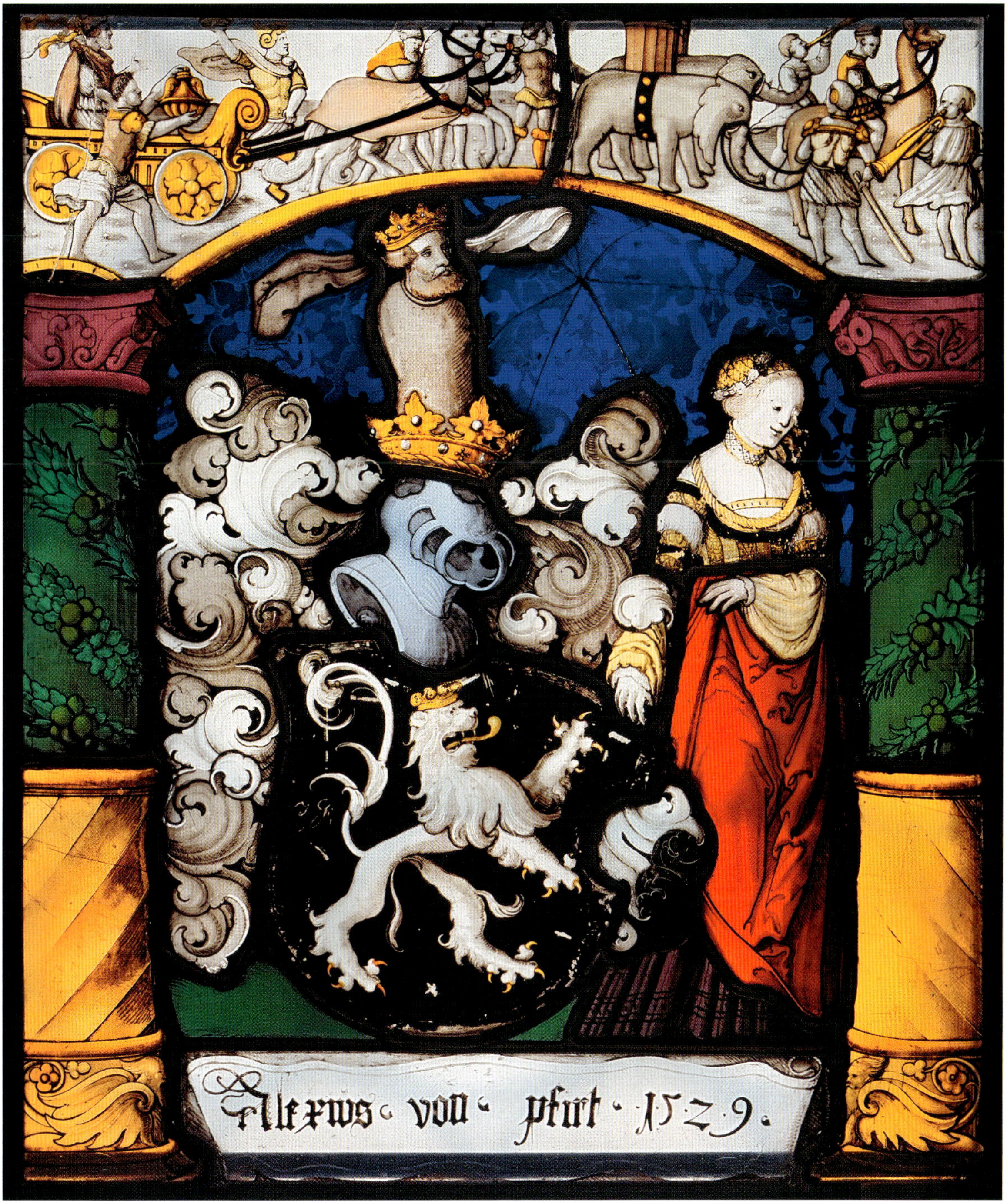

Abb. 21: Wappenscheibe des Alexius von Pfirt von 1529. Auch diese Scheibe ist sehr gut erhalten. Das Wappen ist das der Grafen von Pfirt mit den entsprechenden Kronen auf dem Löwen und auf dem Mann der Helmzier. Die Grafschaft war lange vor 1528 an Habsburg gefallen. Die Schildmaid wendet sich ab? Der Heerzug (?) im Bogenfeld ist schwer zu deuten. Vielleicht handelt es sich um Hannibal.

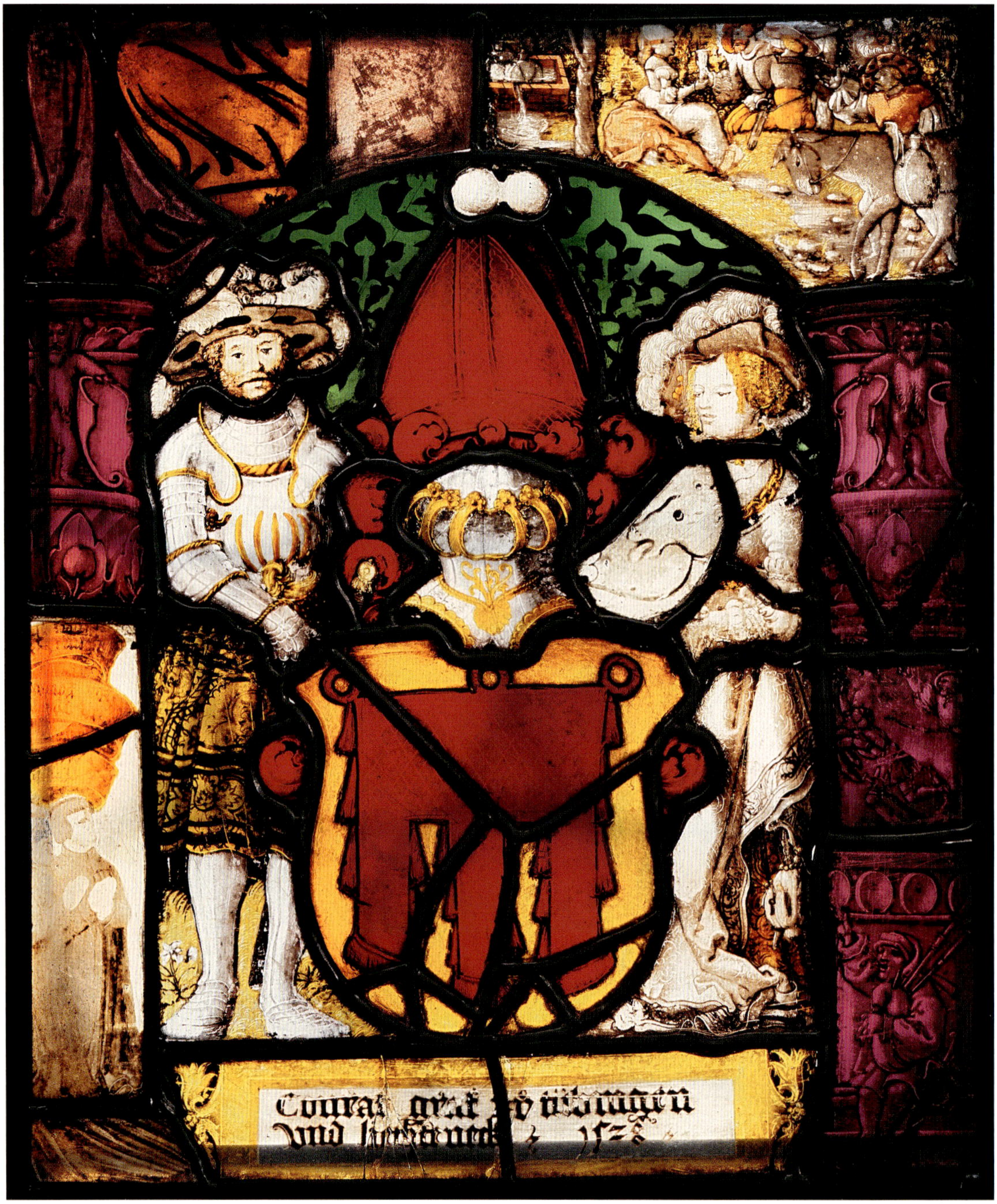

Abb. 22: Die Wappenscheibe des Grafen „Conrat von Tübingen und Lichteneck“ weist einige Schäden auf. Leider hat die Schildhalterin durch eine seltsame Reparatur (?) erheblich gelitten. Der ritterliche Schildhalter auf einer Blumenwiese ist sehr gut erhalten. In der linken Säule sind undeutbare Stücke eingesetzt: ein Mönch oder Abt (?) und ein Mehrfachzylinder, der auf dem Kopf steht, wie an den Resten einiger Buchstaben zu erkennen ist. Im Bogenfeld fehlt eine Hälfte, die übrige Hälfte zeigt eine heitere Rast an einem Brunnen.

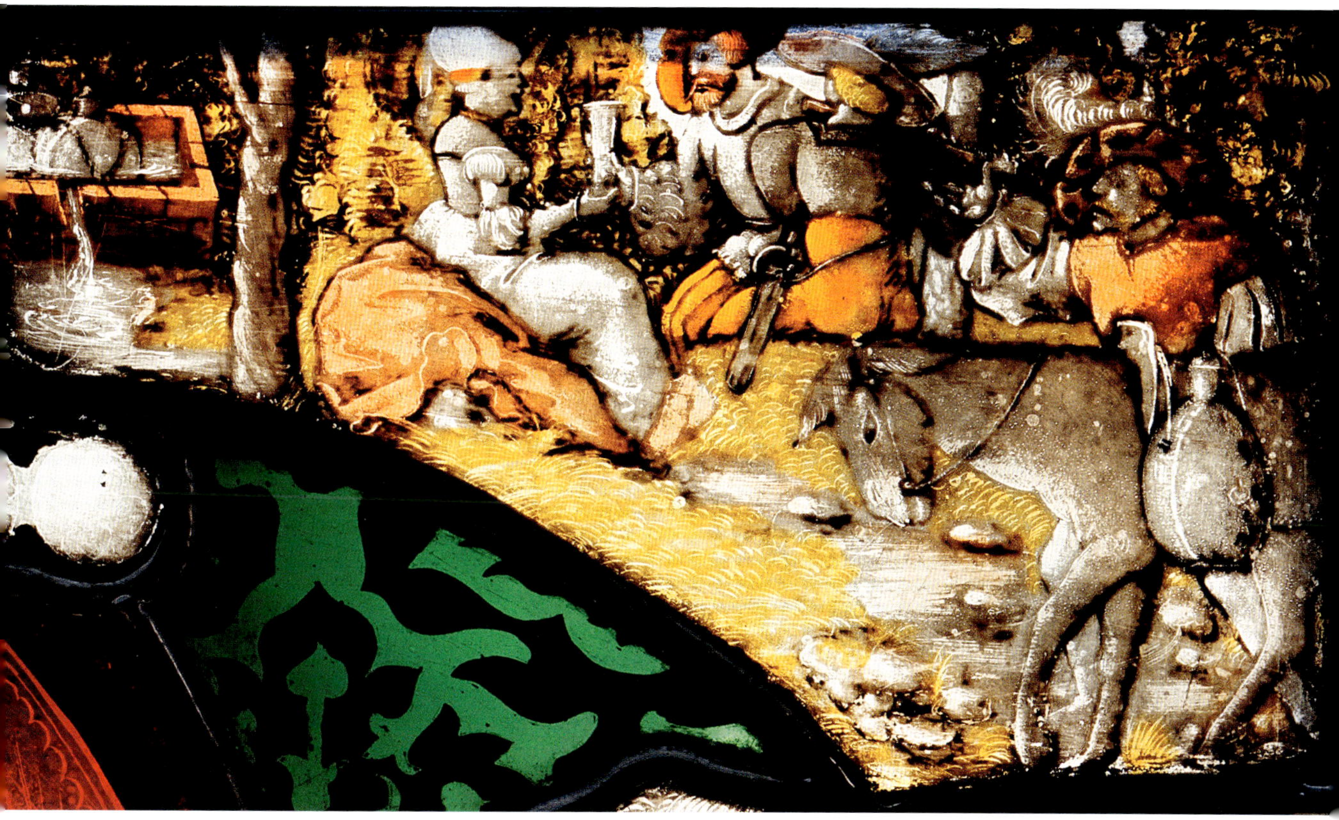

Abb. 23: „Rast“ aus Abb. 22.

jetzige Ferrette im Oberelsass, südlich von Basel. Die Grafschaft Pfirt fiel 1324 an Habsburg. Im Bogen ist ein mythologischer Kriegszug zu erkennen: Vielleicht Hannibals Zug über die Alpen?

„Conrat Graf zu Tübingen und Lichteneck“ repräsentiert eine große und mächtige Familie im Südwesten. Die Burg Lichteneck liegt oberhalb von Hecklingen und überblickt die Engstelle zwischen dem Kaiserstuhl und den Vorbergen des Schwarzwaldes. Zur Lichteneck gehörten seinerzeit etwa 500 Haushaltungen in etwa 17 Städtchen und Dörfern. Dazu gehörten beispielsweise auch Endingen und die österreichischen Lehen Burkheim und Limburg, die Zölle aus der Rheinschifffahrt abwarfen. Die Vorgeschichte bis zum Anfang des 16. Jahrhunderts, dem Zeitpunkt, als Konrad IV. die Endinger Scheibe stiftete, liegt etwas im Dunkeln, weil sich die überlieferten Aussagen zum Teil widerspre-

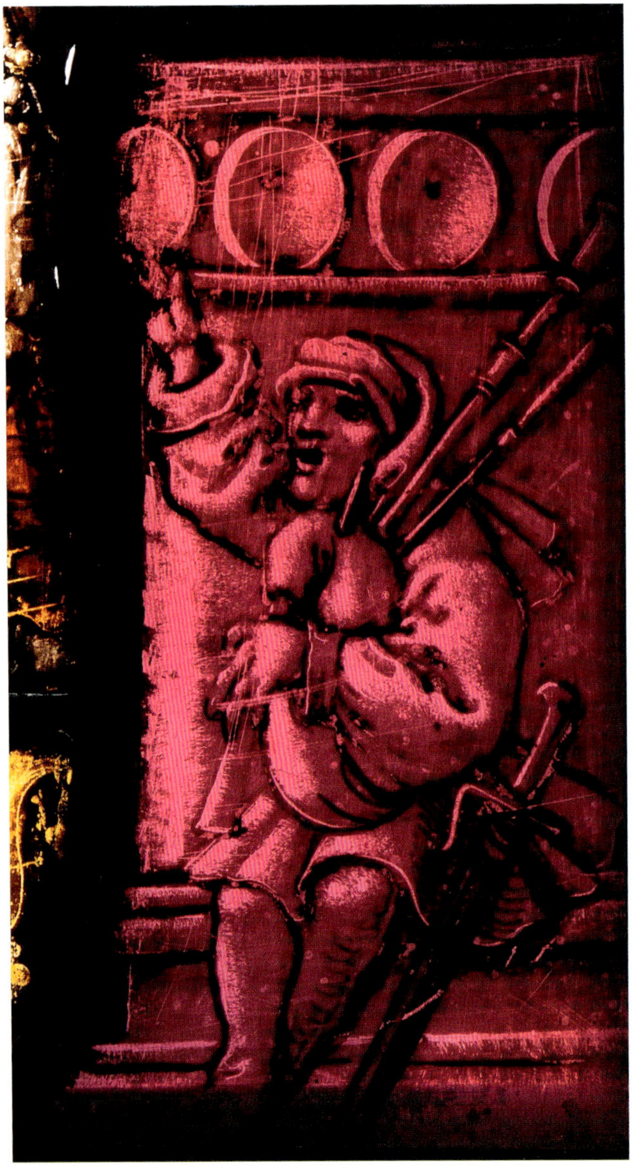

Abb. 24: Dudelsackpfeifer aus Abb. 22.

chen. Die neueren Quellen ergeben: Graf Gottfried von Böblingen (gest. 1369) heiratete Gräfin Clara von Freiburg (gest. 1371), Urenkelin des vorgenannten Egon I. von Freiburg. Der Sohn Konrad I. (gest. vor 1410) kam in den Besitz der Burg Lichteneck und nannte sich Graf von Tübingen und Lichteneck. Durch seine Heirat in dritter Ehe mit Verena Malterer kam „Geld in die Familienkasse“. Seine zweite Ehe mit Anna von Üsenberg blieb kinderlos, brachte aber zweifellos auch mit der Mitgift einiges ein. Es folgten Konrad II. (gest. zwischen 1449 und 1453), verheiratet mit Anna von Lupfen, und Georg I. (gest. 1507), verheiratet mit Agathe von Arco (gest. nach 1511); dessen Bruder Konrad III. verstarb kinderlos. Georgs Sohn Konrad IV., der erst 1569 verstarb, ist wohl „der Richtige“, der auf dem Fenster genannte Cunrat. Das Wappen (Abb. 22) wird von einem Landsknecht oder Ritter und einer Dame gehalten, die denen der Blumeneck, Pfirt und Spilmann ähnelt. Leider ist sie hier teilweise von einem Tierkopf überdeckt, der irgendwann unpassend eingefügt wurde. Die rechte Säule ist schlecht erhalten, auch im Bogen fehlt eine Hälfte. Die übrig gebliebene Hälfte zeigt jedoch eine idyllische Szene (Abb. 23). Die linke Säule enthält unten einen Spielmann (Dudelsack), der etwas (?) anzeigt (Abb. 24), und oben, wie auch die andere Säule,

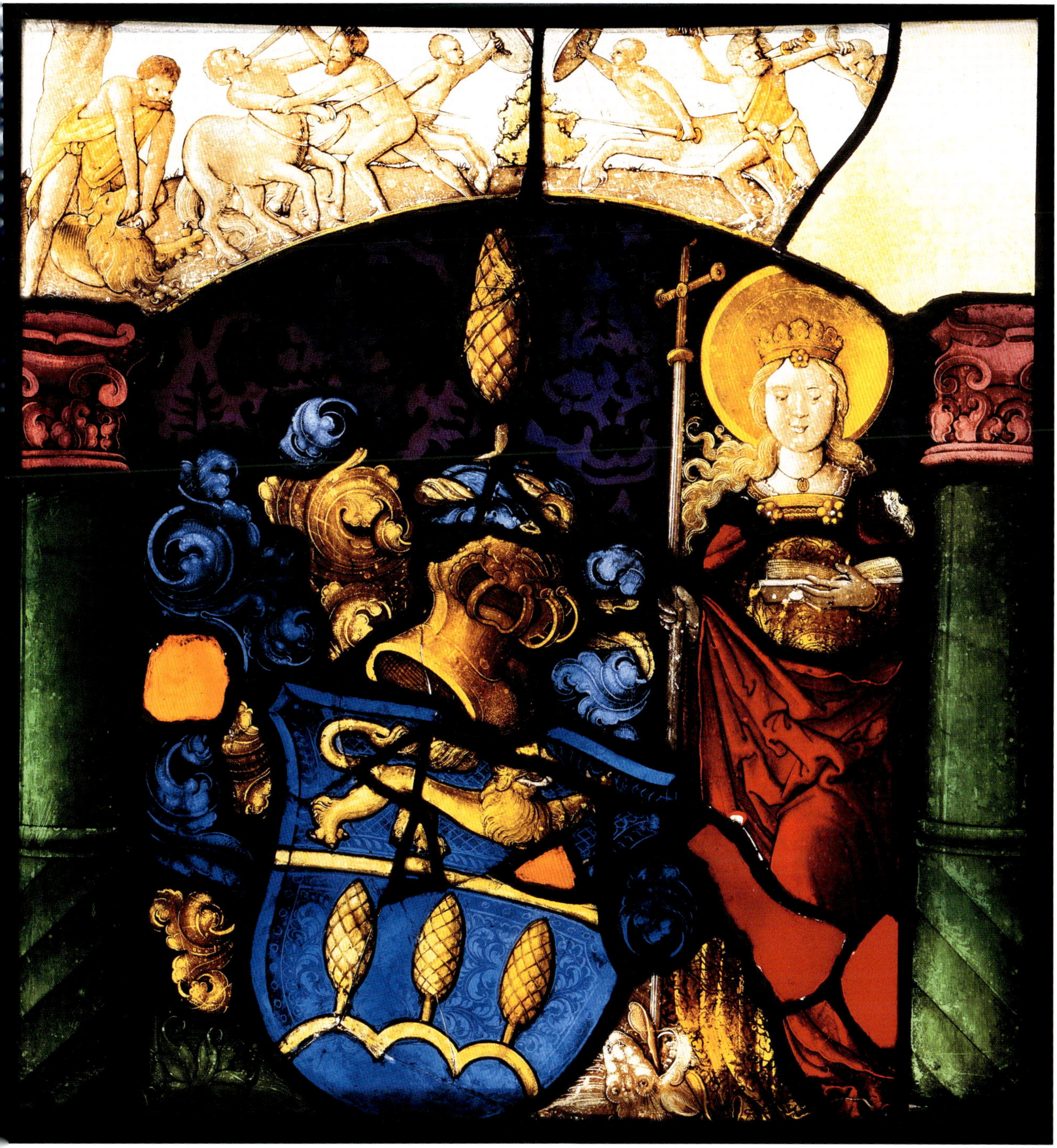

Abb. 25: Die Wappenscheibe des Propstes Balthasar Merklin des Stiftes St. Margarethen in Waldkirch. Hier fehlen der Namenszug und die Datierung. Die hl. Margareta ist als Drachentöterin und mit einem Buch dargestellt. Im Bogenfeld erlegt Samson „seinen“ Löwen, und Zentauren bekämpfen sich mit Schild und Schwert.

einen „wilden Mann“. Der untere Teil dieser Säule ist schon vor den Reparaturen 1968 mit dem Bild eines Mönches (?) „geflickt“ worden. Erwähnenswert ist, dass die Mutter Konrads IV., Agathe von Arco, für die St.-Nikolaus-Kirche in Elzach 1524/25 Glasgemälde stiftete, von denen zwei ebenfalls das Tübinger Wappen zeigen. Die Gemälde sind dem hl. Christophorus und dem hl. Georg gewidmet. Als Stifterfiguren sind – vermutlich – Agathes Söhne Konrad und Georg abgebildet. Zu der Zeit, als Hans Gitschmann diese Scheiben fertigte (Becksmann, S. 60), war Agathe in zweiter Ehe mit Martin von Rechberg verbunden. Damit schließt sich der Kreis der Adelswappen in Endingen.

Von den vielen Klöstern, Repräsentanten des zweiten Standes, die in Endingen Besitz und Rechte hatten, sind nur zwei Scheiben vorhanden. Ob es einst mehr gab, ist nicht bekannt. Das Bild mit der hl. Margaretha und dem Wappen des Balthasar Merklin bezeugt die Rechte des ehemaligen Damenstiftes St. Margaretha, ab 1481 Augustinerchorherrenstift, in Waldkirch im Elztal gelegen (Abb. 25). Das Stift wurde im 10. Jahrhundert von Herzog Burkhard I. von Schwaben gegründet. Von dessen mittelalterlichen Gebäuden ist nichts erhalten. Das Stift St. Margaretha hatte Grundbesitz am Endinger Koliberg, der den Herren von Endingen gehörte. Die dazugehörige Koliburg wurde 1321 im „Kaiserstühler Krieg“ zerstört. Es war ein Streit zwischen den Herren von Endingen und den Üsenbergern, die von den Bürgern der Stadt Endingen und dem Grafen Konrad von Freiburg unterstützt wurden. Die Üsenberger verloren und mussten Strafe zahlen. Die Herren von Endingen wurden als Schultheißen von Endingen bestätigt. Die Koliburg wurde nicht wieder aufgebaut. Heute sind von ihr nur ein paar Steine übrig. Von 1423 bis 1431 war Agathe von Üsenberg, die Tochter des „letzten“ männlichen Üsenberg, Hesso V., Äbtissin in Waldkirch. Das brachte weitere Pfründe, soweit der Besitz nicht von ihr und ihrer Schwester Anna (kinderlos verheiratet mit Konrad I. von Tübingen-Lichteneck) von den Hachbergern gekauft wurde. Der Propst Balthasar Merklin tat also gut daran, die Endinger Rechte des Waldkircher Stiftes mit seiner Wappenscheibe zu demonstrieren.

Er war im Übrigen ein bedeutender Mann: Studium in Schlettstadt, Paris und Bologna; dort 1500 Doctor de jure pontificio, 1506 Chorherr in Brixen, 1507 von Kaiser Maximilian zum Hofrat und Pfalzgrafen ernannt, und 1508 wurde er Probst in Waldkirch. Andere Ämter seiner Karriere waren: 1521 Vizekanzler und Orator bei

Abb. 26a: Hl. Margaretha aus Waldkirch; b: Hl. Margaretha aus der Freiburger Kartause (Abb. 18).

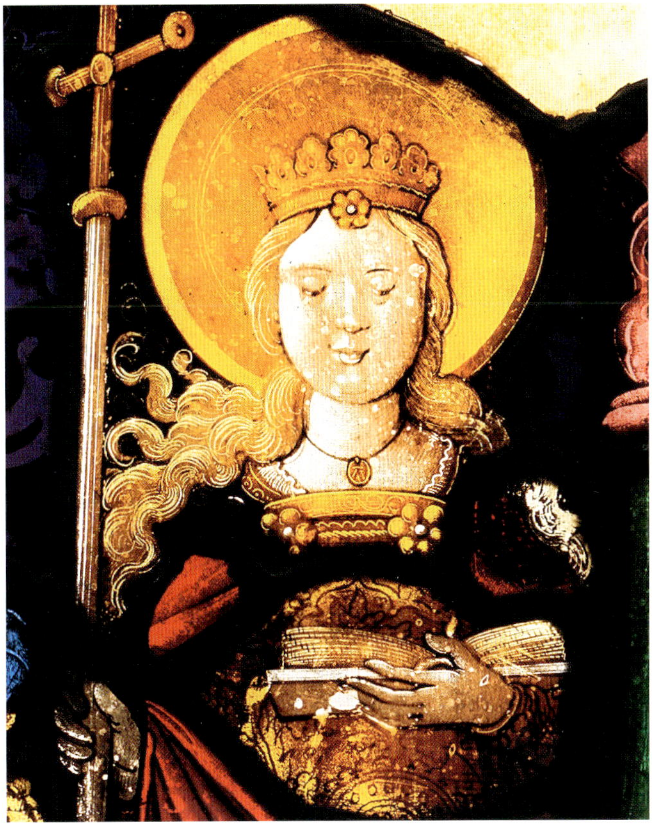

Kaiser Karl V. in Spanien, Titularbischof von Malta, 1529 Bischof von Konstanz. 1531 starb er in Trier. Ihn traf der Schlag, als er sein Pferd besteigen wollte. Mit dem Pfalzgrafentitel war wohl auch die Ritterwürde verbunden, deshalb wahrscheinlich der Turnierhelm. Die hl. Margaretha als Schildhalterin zu wählen, zeugt nicht gerade von christlicher Demut. So wundert es allerdings schon weniger, einen Zentaurenkampf im Bogenfeld vorzufinden. Die hl. Margaretha als Drachentöterin entspricht der mittelalterlichen Ikonografie. Der Buchstabe auf ihrem Amulett kann als griechisches „Pi" gelesen werden. Sie stammt der Legende nach aus Antiochia in Pisidien. Mit den Abb. 26a und 26b werden die hll. Margarethen aus Waldkirch und Freiburg

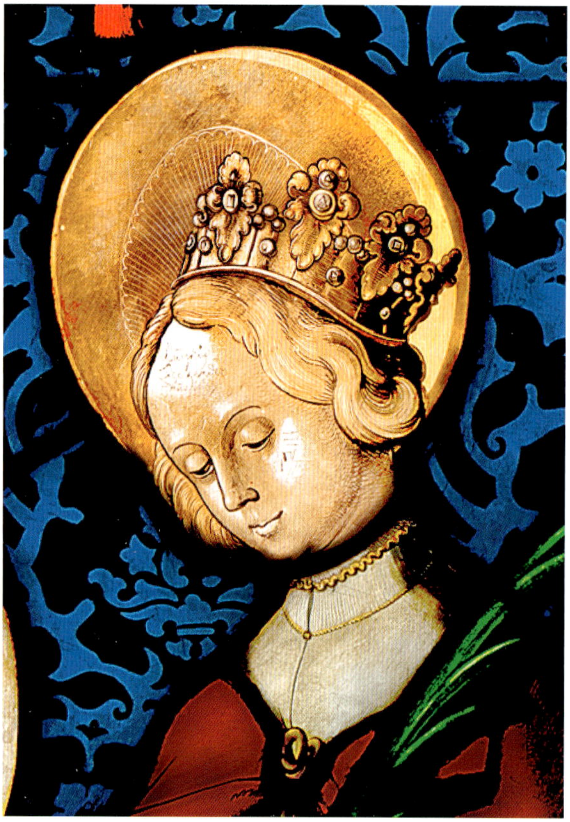

Abb. 26b

(Abb. 18) verglichen. Die frontale Sicht der Waldkircherin ist eigentlich selten. Beide Frauen schlagen die Augen züchtig nieder, der mittelalterlichen „Zucht und schönen Sitte“ folgend.

Die „Carthus zu Friburg im Brisgou“ (Abb. 27) wurde im Jahr 1346 durch eine großzügige Grundstücksspende des Johannes von Schnewlin, gen. „der Gresser“, der „Finstere“ (Geiges), wirtschaftlich auf den Weg gebracht. Wegen dieses Johannes haben die Kartäuser wohl auch Johannes den Täufer als Patron ihres Klosters gewählt, der hier abgebildet ist. Testamentarisch kamen von dem „Gresser“ 1347 noch Häuser, Rebstücke, Matten (Wiesen) und Waldstücke in der Freiburger Umgebung hinzu. Die Wappenscheibe des „Gressers“

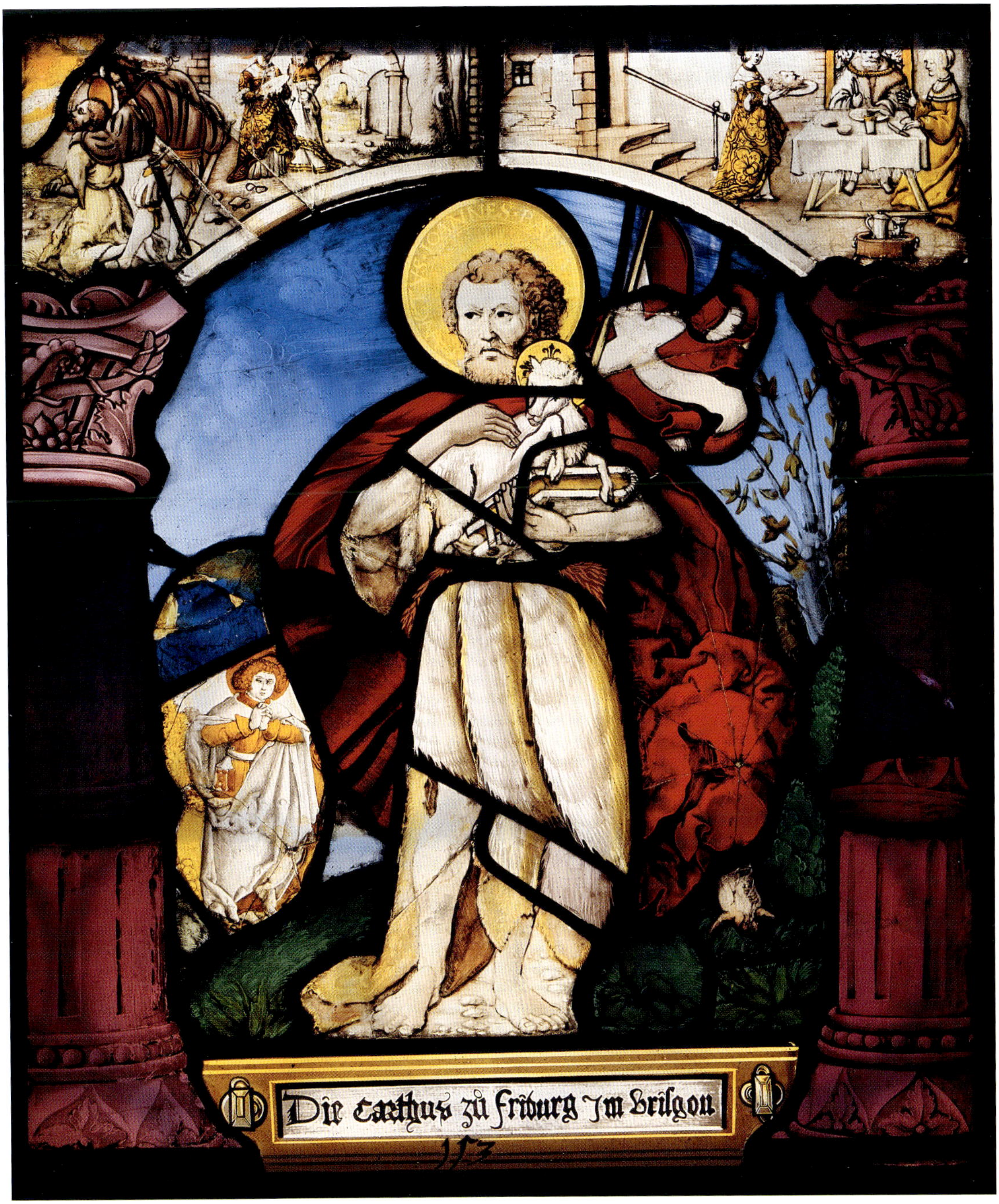

Abb. 27: Scheibe der Kartause in Freiburg im Breisgau aus den Dreißigerjahren des 16. Jahrhunderts, bezeichnet „153(?)“ (letzte Zahl ist unleserlich). Dargestellt ist Johannes der Täufer zu Ehren des maßgeblichen Stifters Johannes Snewlin, gen. der „Gresser“. Der Schriftzug stammt von 1968, ebenso große Teile des „härenen“ Gewandes und des Lammes, das Johannes auf dem Arm hält. Die Figur neben dem Johannes ist eine frühere Einfügung und nicht erklärbar. Im Bogenfeld ist die Hinrichtung Johannes des Täufers dargestellt.

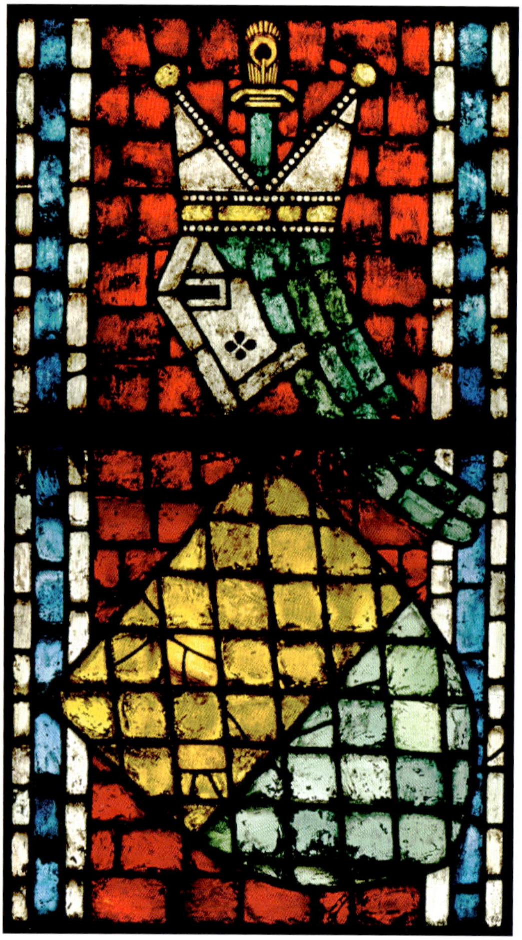

Abb. 28: Wappen des „Gressers“ aus dem Freiburger Münster (um 1330/40), „identisch“ mit dem Wappen des Wendel vom Wiger von 1529 (Abb. 15).

ist im Freiburger Münster zu sehen (Abb. 28), mit einem Topfhelm des 13. Jahrhunderts als Helmzier. Die Kartause lag östlich von Freiburg im Dreisamtal am Mühlbach. An diesem Ort gibt es noch immer eine „Mühle“, jetzt ein kleines Elektrizitätswerk. Von den mittelalterlichen Gebäuden der Kartause ist nichts erhalten. Die Anlage des Klosters, die Lage des Gartens und eben der Mühle sind heute noch zu erkennen.

Der berühmteste Abt des Klosters war Gregor Reisch, geb. 1467 in Balingen, Württemberg, gest. 1525 in Freiburg im Breisgau. Ab 1503 war Reisch Prior in Freiburg. Zu seinen Freunden gehörten bekannte Humanisten der Zeit, Erasmus, Beatus Rhenanus, Jacob Wimpfeling und Ulrich Zasius. Johannes Eck wird als sein Schüler bezeichnet. Reischs bekanntestes Werk ist die „Margarita Philosophica“. Er war Beichtvater Kaiser Maximilians I., den er oft begleitete. Zu seiner Zeit, als auch die Stadt Freiburg wirtschaftlich blühte, wurden die Glasmalereien für die Kartause geschaffen. Dazu gab es reichlich Spenden, nicht zuletzt vom vorgenannten Johannes Widman, für die Scheiben in den neu errichteten Gebäuden, Kirche, Refektorium und Kreuzgang.

Die Scheibenrisse stammen teilweise nachweislich von Hans Baldung gen. Grien, die Werkstatt des Hans Gitschmann fertigte die Scheiben. Für die Endinger Scheiben gibt es keine entsprechenden Nachweise. Der Kopf des Johannes ist ein gutes „Porträt“ eines Unbekannten (Abb. 29a und b).

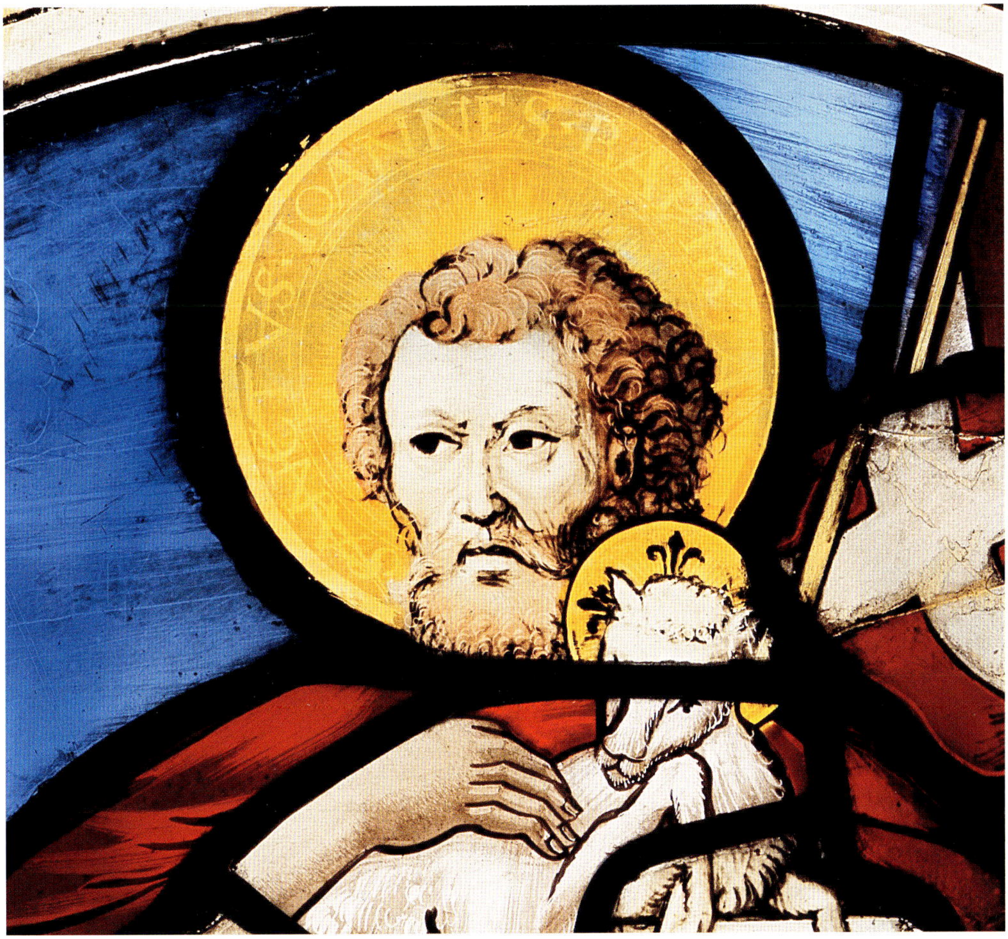

Abb. 29a: Kopf des Johannes aus Endingen (Abb. 27).

Leider fehlen bei dieser Scheibe viele originale Teile. Der ganze mittlere Teil des Pelzrocks des Johannes wurde neu geschaffen, ebenso der vordere Körper mit dem Kopf des Lammes sowie große Teile der beiden Säulen. Dieser Johannes ist dem aus der Freiburger Kartause sehr ähnlich, allerdings zeigt hier Johannes mit zwei Fingern (üblich auf vielen mittelalterlichen Darstellungen) auf das Lamm. Vermutlich

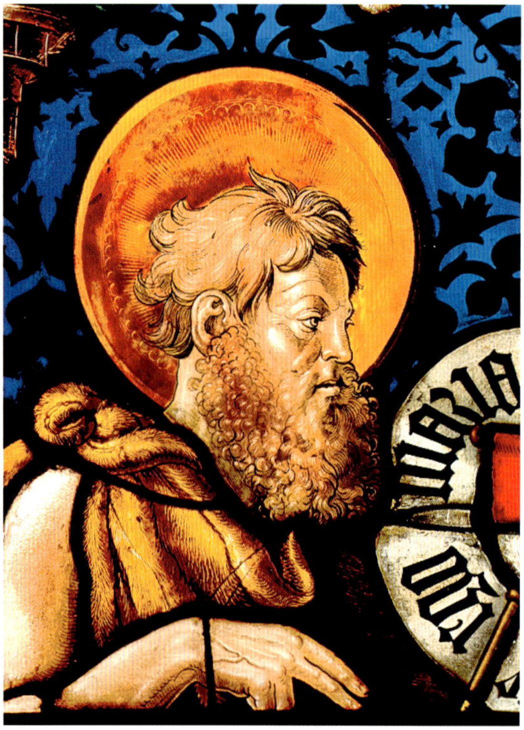

Abb. 29b: Johannes aus der Kartause (Abb. 18).

war es in Endingen vor der Beschädigung auch so, und damit ist die Rekonstruktion eigentlich an dieser Stelle falsch. Die im Bogen des Endinger Bildes dargestellte Hinrichtung des Johannes auf Betreiben der Herodias und der Salome ist wohl original. Heraldisch rechts oben kniet Johannes vor dem Henker, daneben warten Herodias und Salome mit der Silberschale. Links sitzen Herodes und Herodias bei Tisch, ein eher bescheidenes Ambiente, während Salome den Kopf des Johannes hereinbringt (Abb. 30, 31). Die mönchische Figur im weiß-braunen Habit neben dem Johannes stammt wohl ebenfalls aus einer anderen, zerstörten Scheibe. Am Gürtel trägt dieser „Mönch" einen Buchbeutel, der auch im späten Mittelalter und zu Beginn der Neuzeit noch im Gebrauch war. So führten Reisende ihr Brevier, also ihr Gebetbuch, mit sich. Die Unterschrift ist auch neu (1968 Reparaturen durch die Glaswerkstatt Dierig, Überlingen; das ist die einzige ‚nicht korrekte' Reparatur).

Die Scheibe des Spitals zu Freiburg (Abb. 32 groß) zeigt eine Pietà, Maria mit ihrem toten Sohn auf dem Schoß. Die Gesichter sind im Laufe der Jahrhunderte etwas ausgebleicht, aber sonst sind die Farben gut erhalten. Besonders das tiefe Blau des Mantels der Maria besitzt eine starke Leuchtkraft. Von Christi Kreuz ist nur der zentrale Baum zu sehen, an dem – schaurig – sein Blut herabrinnt. Daneben erkennt man die T-Kreuze der mit Jesus hingerichteten Mörder. Das Wappen der Stadt Freiburg zeigt ein rotes Kreuz auf weißem Grund, das andere Wappen gekreuzte Stäbe (?) auf rotem Grund. Es ist nicht das Wappen des Spitals (Kurrus). Dieses siegelte mit einer Taube (Abb. 33 a, b). Möglicherweise

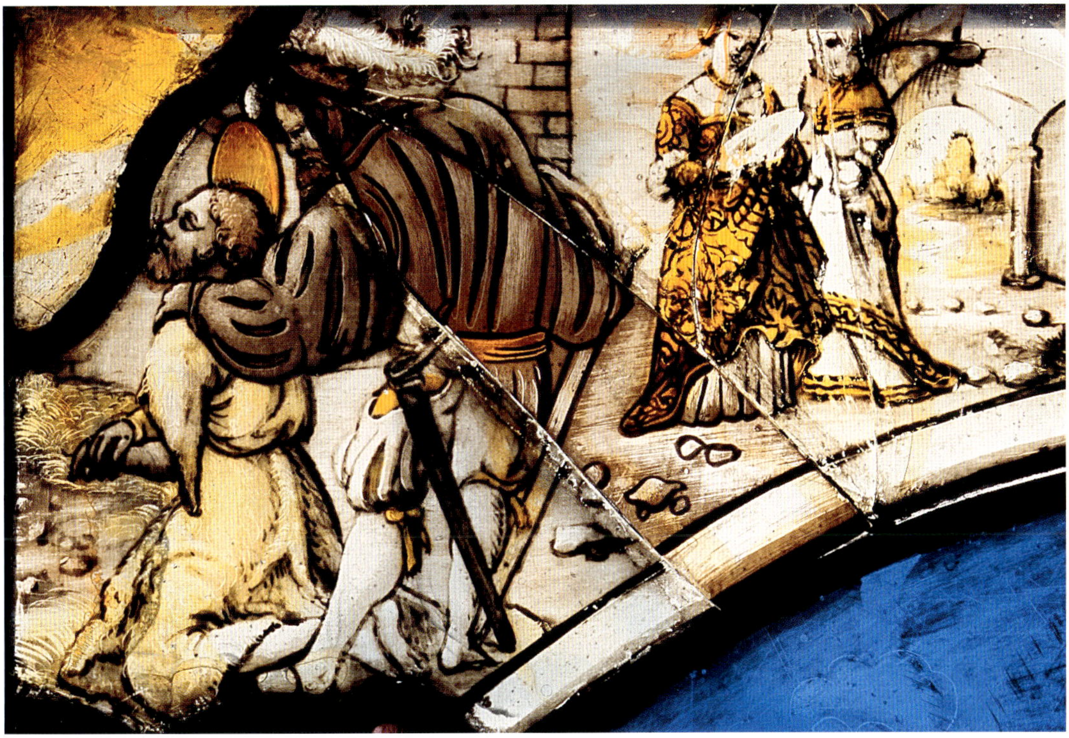

Abb. 30: Johannes wird geköpft (Detail von Abb. 27).

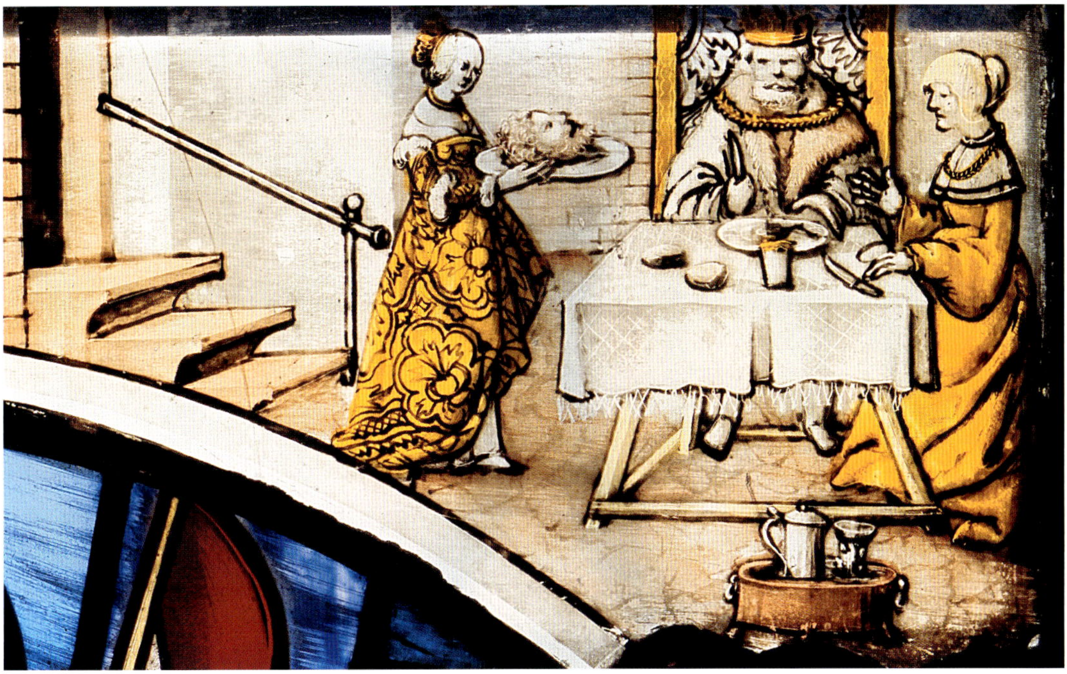

Abb. 31: Salome bringt das Haupt des Johannes zu Herodes und Herodias.

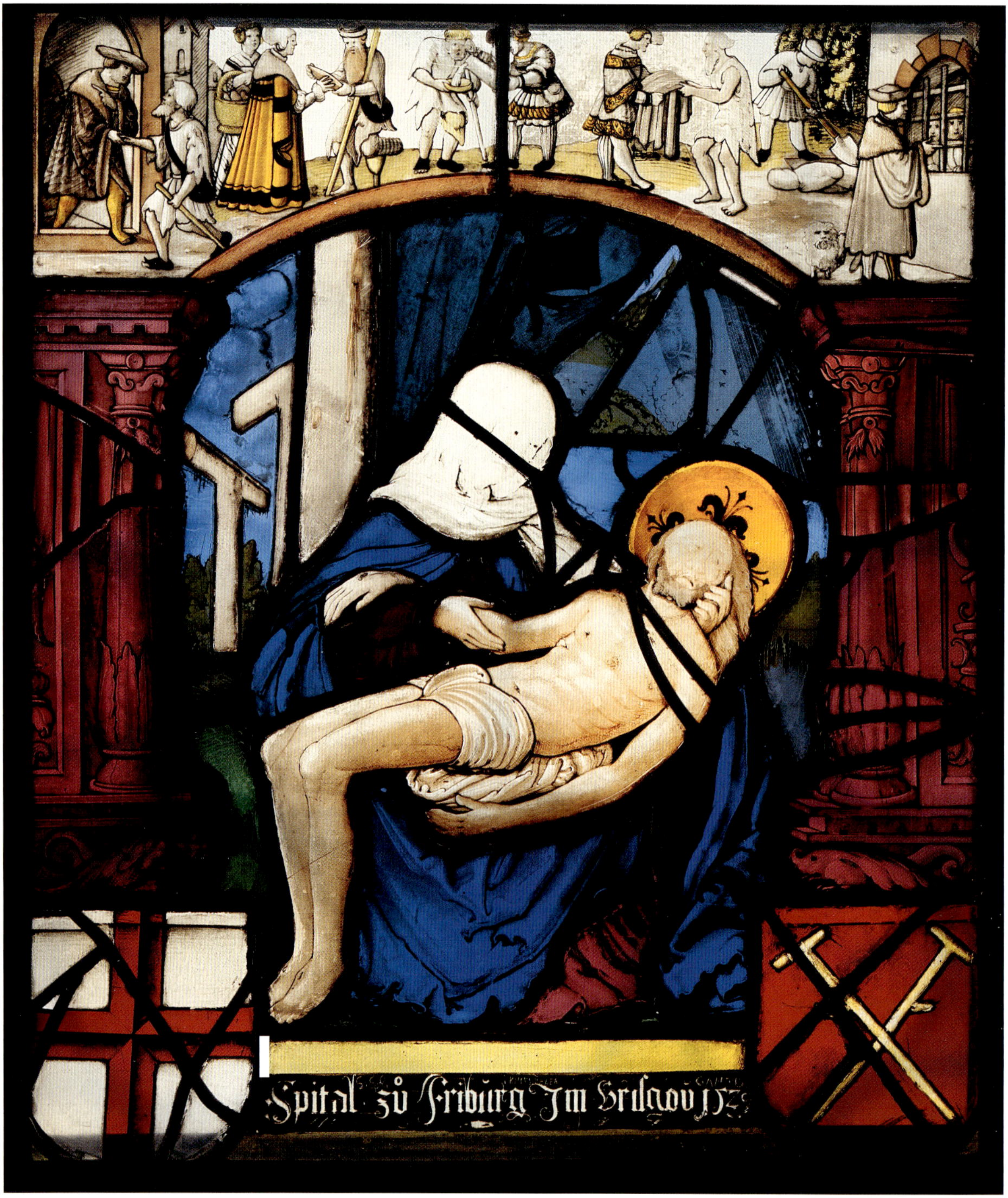

Abb. 32: Die Scheibe des Heiliggeistspitals zu Freiburg im Breisgau von 1529. Die Farben sind wunderbar erhalten. Auszumachen sind das Freiburger Stadtwappen und das Wappen der Familie Snewlin-Kremer. Alternativ: zwei gekreuzte Krücken (Kurrus) als Zeichen des Spitals.

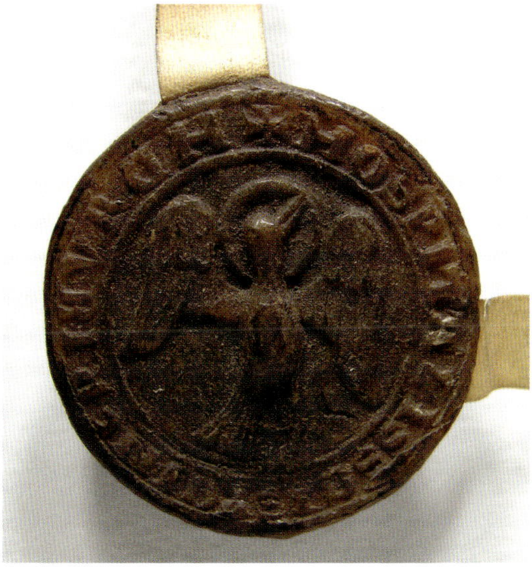

Abb. 33a: Das Siegel des Heiliggeistspitals von 1297.

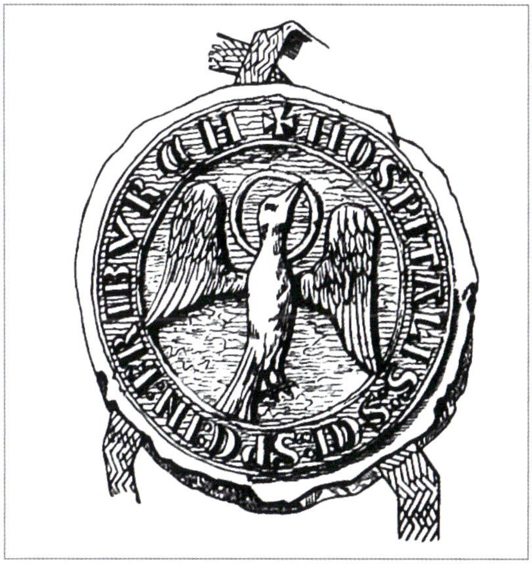

Abb. 33b: Das Siegel des Heiliggeistspitals von 1297 (Umzeichnung).

ist das Wappen mit den gekreuzten Stäben das der „Snewlin-Kremer" (Abb. 34). Die „Stäbe" wären dann „schalt-ruoder", also Ruderstangen (Geiges, S. 228). Vermutlich waren die „Snewlin-Kremer" als Händler an der Schifffahrt auf dem Rhein beteiligt. Es wurden ja bei der Gründung Freiburgs auch Kölner Kaufleute angesiedelt (Keller). Im Jahrzeitbuch des Heiliggeistspitals wird für 1485 eine Jahrzeit für „Konrad Snewlin-Kremer, ein Priester, sein Vater und seine Mutter sowie alle Geschwister" genannt. Gestiftet wurden zwei Saum Wein (etwa 240 Liter). Die verschiedenen Zweige der

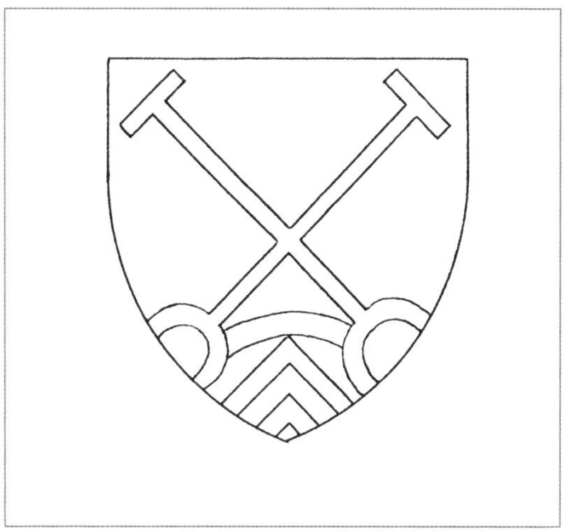

Abb. 34: Siegel des Heinzmann Snewlin-Kremer von 1350.

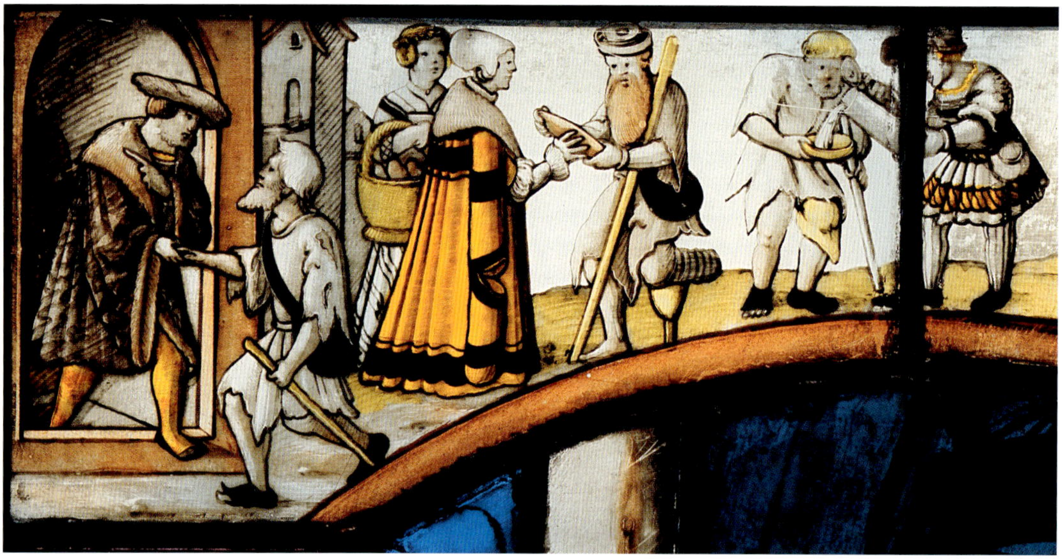

Abb. 35: Werke der Barmherzigkeit aus Abb. 32: „Obdachlose aufnehmen, Hungrige speisen, Durstige laben“.

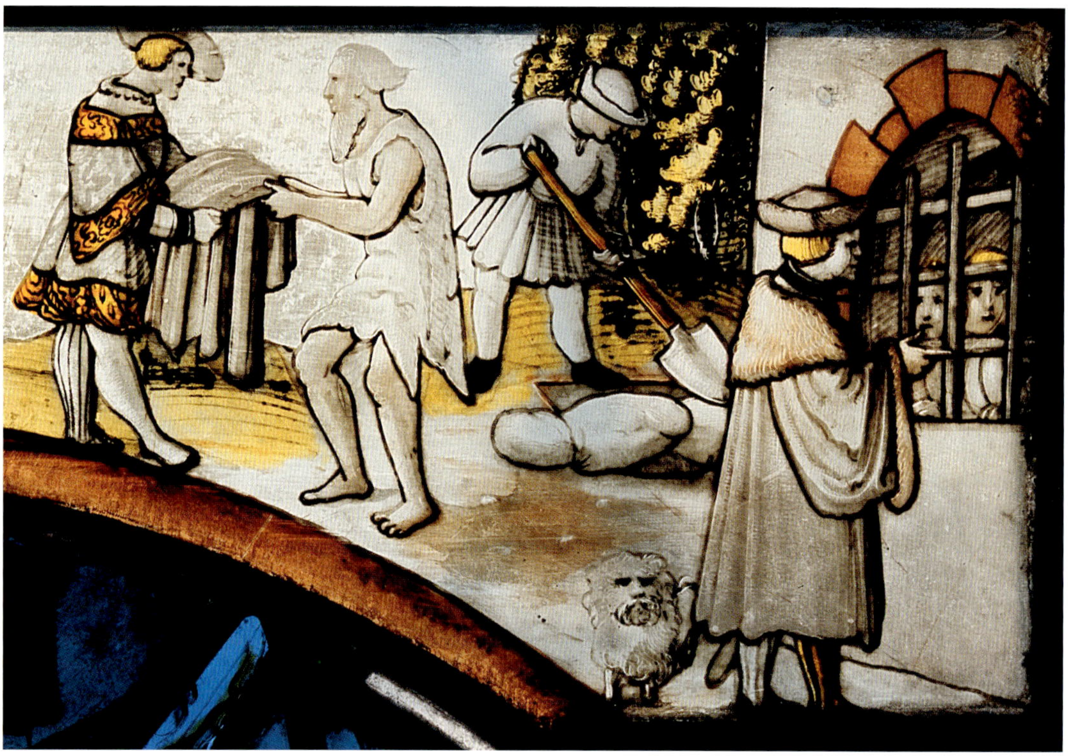

Abb. 36: Werke der Barmherzigkeit aus Abb. 32: „Nackte kleiden, Tote begraben, Gefangene besuchen“.

Familie Snewlin tauchen auch sonst vielfach als Spitalpfleger und als Spitalmeister auf. Sollten sie auch die Endinger Scheibe (mit-)gestiftet haben?
Das Heiliggeistspital wurde im 13. Jahrhundert gegründet und lag an zentraler Stelle in Freiburg, westlich des Münsters zwischen Münsterplatz und heutiger Kaiserstraße, etwa zwischen Münsterstraße und Marktgasse. Das Spital war besonders in Endingen reich begütert. Es besaß zu Beginn des 16. Jahrhunderts zwei Höfe, die vor allem Wein, Weizen und Roggen lieferten, dazu noch einigen Zins einbrachten. Ein Hans von Pfirt war von 1504 bis 1510 Spitalmeister. Das Spital verwaltete auch die Pfründe, die in die Heiliggeistspital-Stiftung einflossen. Aus diesen Mitteln wurden Alte und Gebrechliche unterstützt, die in der Kartause Aufnahme fanden. Das waren Personen, die zwar in Freiburg wohnten, hier aber kein Bürgerrecht besaßen. Wegen des Armutsgebots der Mönche gab es vielfach solche Konstrukte, das Geld wurde von ‚anderen' verwaltet. Im Bogen der Spitalscheibe sind die fünf Werke der Barmherzigkeit dargestellt (in normaler Lesart von links nach rechts): die Obdachlosen beherbergen, die Hungrigen speisen, die Durstigen laben, die Nackten kleiden, die Toten beerdigen und die Gefangenen besuchen (Abb. 35 und 36).

Es gibt zwei weitere Scheiben im Endinger Rathaus. Die eine ist aus Bruchstücken zusammengesetzt und nicht deutbar. Die andere hat die „richtigen" Renaissance-Säulen, jedoch wurde 1618 ein hl. Georg eingesetzt. Der Stifter dieser Aktion war der Pfarrer Georg Laub. 1615 ist er urkundlich als Zeuge für das sogenannte „Tränenwunder" in der Oberen Kirche (Martinskirche) genannt. Eine möglicherweise ‚fehlende' Scheibe ist die der Herren von Endingen (Abb. 37). Der dazugehörige Scheibenriss von Hans Baldung gen. Grien befindet sich in den Kunstsammlungen von Coburg. Es ist aber nicht bekannt, ob das Glasfenster überhaupt ausgeführt wurde. Der Namensgeber, Hans Rudolf von Endingen, war Amtmann in Ettenheim und Hofrichter des Hofgerichtes in Lahr. Er starb um 1567. Seine Eltern waren Hans Balthasar und Veronica von Pfirt. Der Vater war markgräflich badischer und bischöflich straßburgischer Lehensmann. Obwohl ihr Endinger Schultheißenamt seit 1370, also seit etwa fünf Generationen, de facto erloschen war, stritten die Herren von Endingen noch 1408, damals längst in Straßburg ansässig, vor dem Hofgericht in Rottweil um ihr Amt – und bekamen Recht, allerdings ohne weitere Folgen. Das Wappen des Hans Rudolf, von Baldung gen. Grien entworfen, stimmt gut überein mit einem

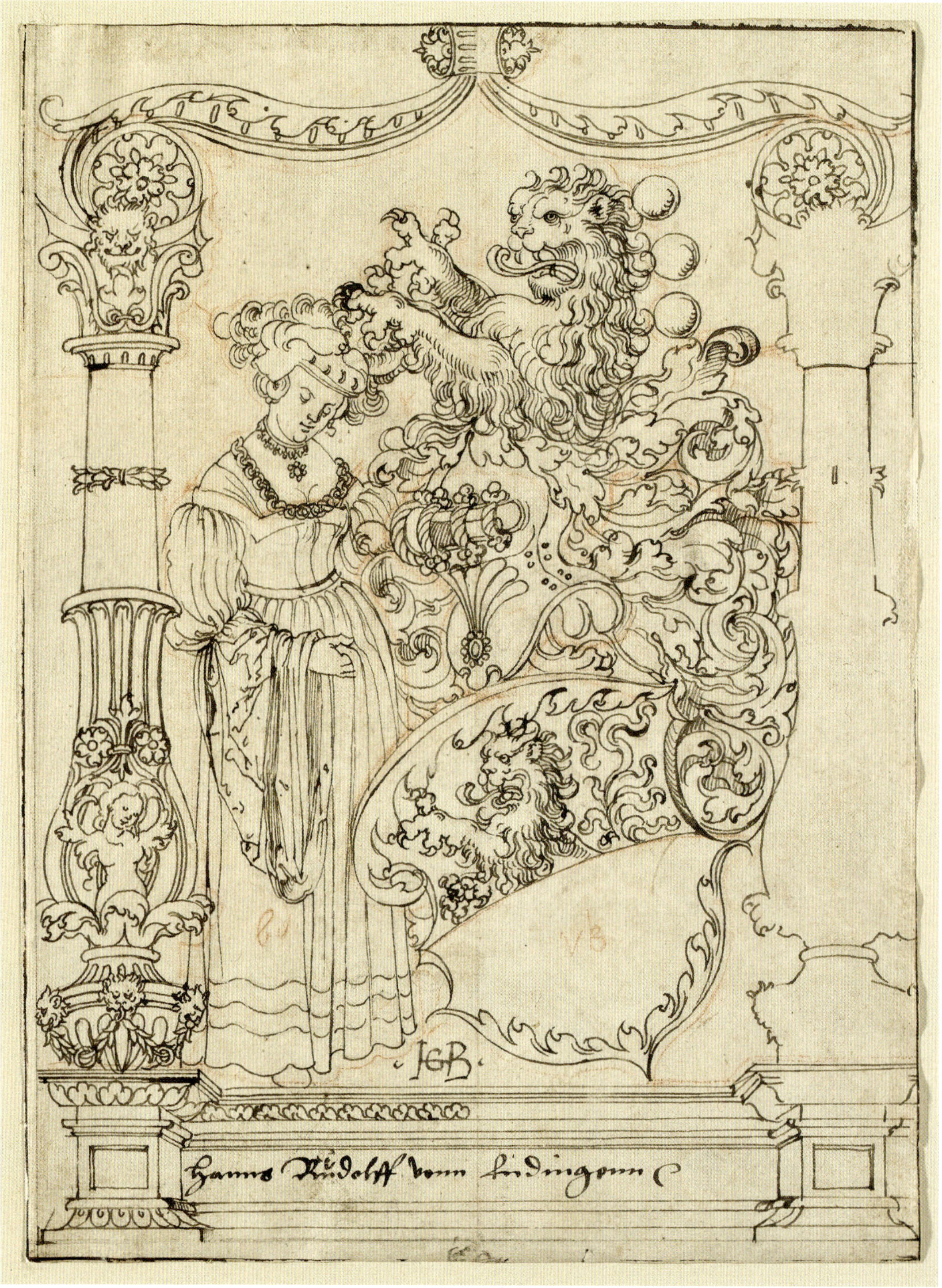

Abb. 37: Scheibenriss des Hans Baldung gen. Grien für Hanns Rudolff von Endingen im Stil der vorhandenen Endinger Scheiben.

älteren Wappen der Herren von Endingen aus dem „Endinger Chörle“ des Freiburger Münsters (Abb. 38). Natürlich hat Hans Baldung gen. Grien statt eines altertümlichen Topfhelms des 13. Jahrhunderts einen modernen Turnierhelm des 16. Jahrhunderts gezeichnet.

Zu der Zeit amtierten „nur“ noch Bürgermeister. Es bleibt die Frage, ob es weitere Scheiben von Klöstern gab. Erhalten sind ja die Scheiben für St. Margarethen in Waldkirch und die für die Kartause in Freiburg. Es hatten aber noch viele andere Klöster Besitz und Rechte in Endingen. Hervorzuheben ist das Zisterzienserkloster Tennenbach. Bis heute besteht der Tennenbacher Hof in Endingen, ehemals eine „Grange“, heute in Privatbesitz. Die Tennenbacher besaßen auch das Endinger Bürgerrecht. Kann es sein, dass Tennenbach keine Scheibe stiftete, weil 1525 der Kaiserstühler Bauernhaufen unter der Führung Hans Zilers aus Kiechlingsbergen das Kloster besetzt und in Brand gesetzt hatte? Die Mönche waren rechtzeitig nach Freiburg geflohen. Zudem hatte Endingen den Aufständischen die Tore geöffnet, was übrigens auch die österreichische Regierung erboste. Diese wurde aber durch passende Bußgebärden besänftigt. 1526 war der Bauernaufstand bereits blutig beendet, der angerichtete Schaden an österreichischem Besitz war gering (Treffeisen). Handelt es sich bei der eingefügten Figur auf der Scheibe des Conrat von Tübingen (Bild 22) um einen Abt? Dann könnte das der Rest der Tennenbacher Scheibe sein, die irgendwann zerstört wurde. Es sind heute jedenfalls fünf Fensterplätze frei, es könnte deshalb noch einige Scheiben gegeben haben. Wie dem auch sei, der erhaltene Bestand ist von einzigartiger Schönheit.

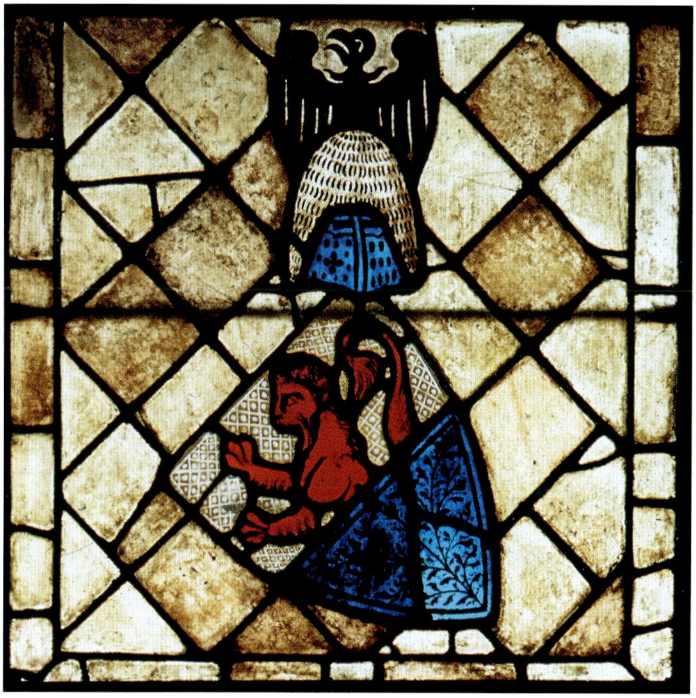

Abb. 38: Wappen der Herren von Endingen im Freiburger Münster (um 1310/20).

Nachbetrachtungen

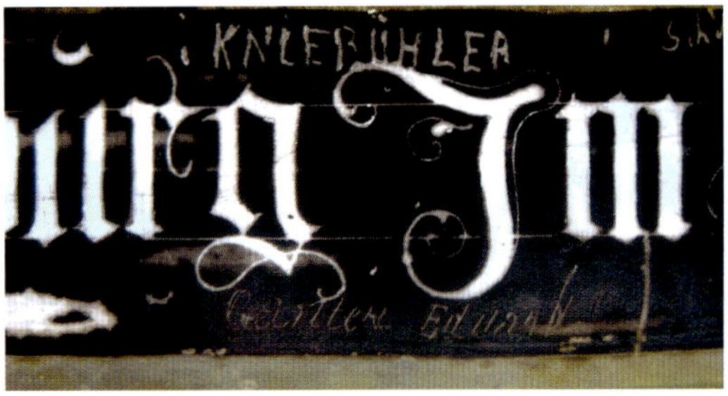

Abb. 39: „Graffiti" auf der Spital-Scheibe: KNIEBÜHLER und Ganter Eduard.

Die Endinger Wappenscheiben erzählen alte Geschichten – „von helden lobebäre und groszer arebeit". Ein Blick in die Liste der in der Schlacht von Sempach 1386 Gefallenen, als Österreich den Eidgenossen unterlag, weist fast alle Familiennamen auf, die auch hier genannt werden. Das gilt von Leopold von Österreich bis zu Hans Oswald zum Wyger, der ebenfalls in der Schlacht zu Tode kam. Diese Familien, außer dem Hause Österreich selbst, finden sich auch auf dem „leutzedel" von 1468, der Matrikel oder der Liste der Landstände Vorderösterreichs. Das hieß damals noch nicht so, sondern es waren die „vorderen Lande", die von Wien oder Innsbruck aus gesehen hinter dem Fernpass und dem Arlberg lagen. Hier handelt es sich im Speziellen um die Landstände des Breisgaus, des Sundgaus, des Elsasses und des Schwarzwaldes.

Auf der Liste erscheinen neben den Grafen von Lupfen und denen von Tierstein insgesamt etwa 60 ritterliche Familien außerhalb des Breisgaus und etwa 40 aus dem Breisgau. Darunter sind die Blumenecks, Graf von Tübingen, (Snewlin) von Landeck, (Snewlin) zum Weyer, von Ampringen, von Rechberg, von Pforr, Snewlin Berlap von Zähringen, von Falkenstein. Die Pfirts treten mit vier Mann in der Sundgauer Liste auf. Zu den Landständen, ‚Vorläufer' einer Art Länderkammer, gehörten auch die Prälaten, Äbtissinnen und Äbte sowie die Städte. Es ist beruhigend, zu lesen, dass Endingen auch dabei war, mit „Burgermeister und Ratt". Dieses System war also noch intakt, als die Endinger Wappenscheiben geschaffen wurden. Endingen blieb bis 1806 bei Österreich und die Stadt versäumte nicht, sich von jedem neuen Herrscher bis zu Maria Theresia ihre Rechte bestätigen zu lassen. Als 1379 die beiden Damen von Üsenberg ihr Erbe aufteilten, konnte niemand ahnen, dass sich diese Konstellation bis heute im Breisgau erhalten wird. Vorderösterreich blieb katholisch, während der übrige Teil des Breisgaus wie auch das Markgräflerland unter Markgraf Karl IV. 1556 protestantisch wurde. Viele katholische Orte haben barocke Kirchen und Kirchtürme, die evangelischen Orte nicht. Andere Grenzen sind weitgehend verschwunden. So ist das früher evangelische Königsschaffhausen nun ein Ortsteil des

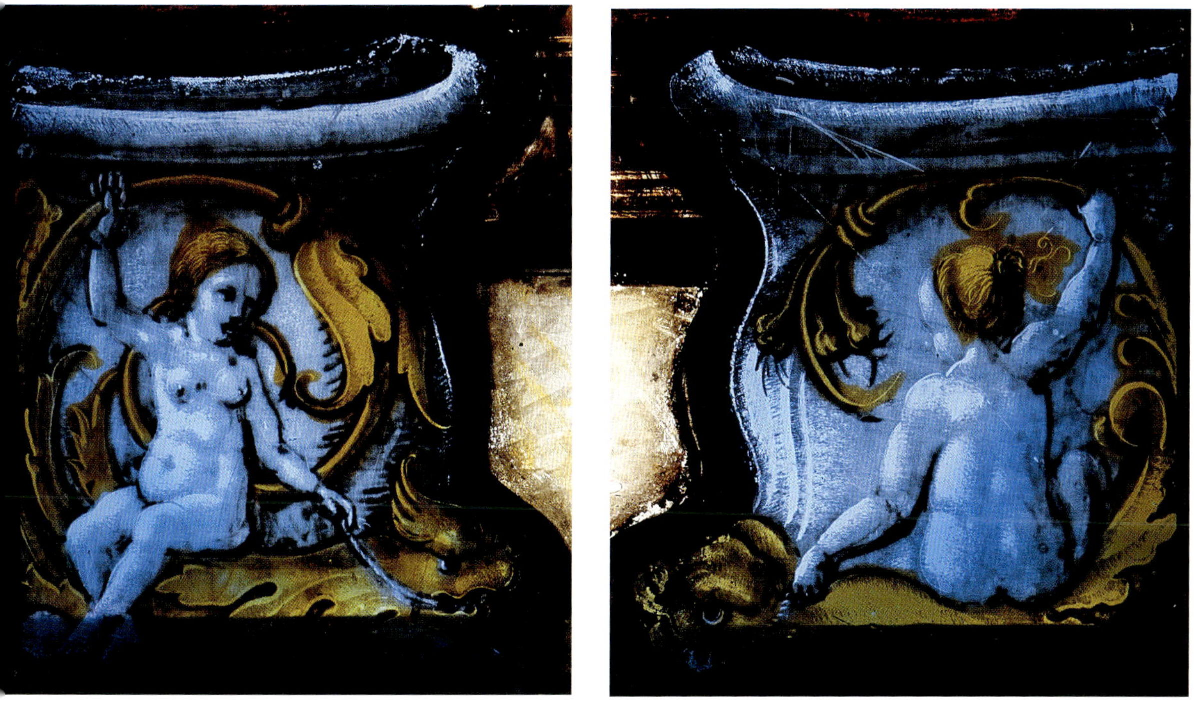

Abb. 40: Die „Putten“ der Scheibe des Wendel vom Wiger (Abb. 15).

einst katholischen Endingen. Im Laufe der Jahrhunderte sind auch fast alle Namen der um 1530 so wichtigen Familien im Breisgau verschwunden.

Die Endinger Bürger haben über die Jahrhunderte in ihrem Rathaus die Wappenscheiben vor Augen gehabt. Einige Endinger Namen sind als Graffiti hier und da zu finden. Auf einer Darstellung (Bild 39, Kartause) haben sich ein Kniebühler und ein Eduard Ganter verewigt und sich so die Scheibe „angeeignet“. In der Endinger Geschichte gibt es einen oder zwei Eduard Ganter als Bürgermeister von 1811 bis 1818 und von 1850 bis 1856. Aus der Endinger Familie Kniebühler kommen ein Johann Baptist und Franz Michael, Bürgermeister von 1840 bis 1850 und von 1856 bis 1874, als Urheber des Graffiti in Frage. Johann Baptist wurde 1811 „aktenkundig“ als einer der acht Endinger Bürger, die sich weigerten, für die neue, großherzogliche Regierung Frondienste zu leisten. Alle wurden eingesperrt und bestraft. 50 Soldaten kamen aus Freiburg nach Endingen. Im selben Jahr wurde Ganter als Bürgermeister eingesetzt. Er war unbeliebt und wurde bald wieder entlassen. Nach vier folgenden einheimischen Bürgermeistern wurde die Familie Kniebühler rehabilitiert, Franz Michael wurde Bürgermeister. Da er sich 1848/49 bei der badischen Revolution „unbotmäßig“ verhielt, verlor er sein Amt, und ein Ganter übernahm erneut das Regiment. Das brachte der Stadt internen Zwist und weiteren Ärger mit der Regie-

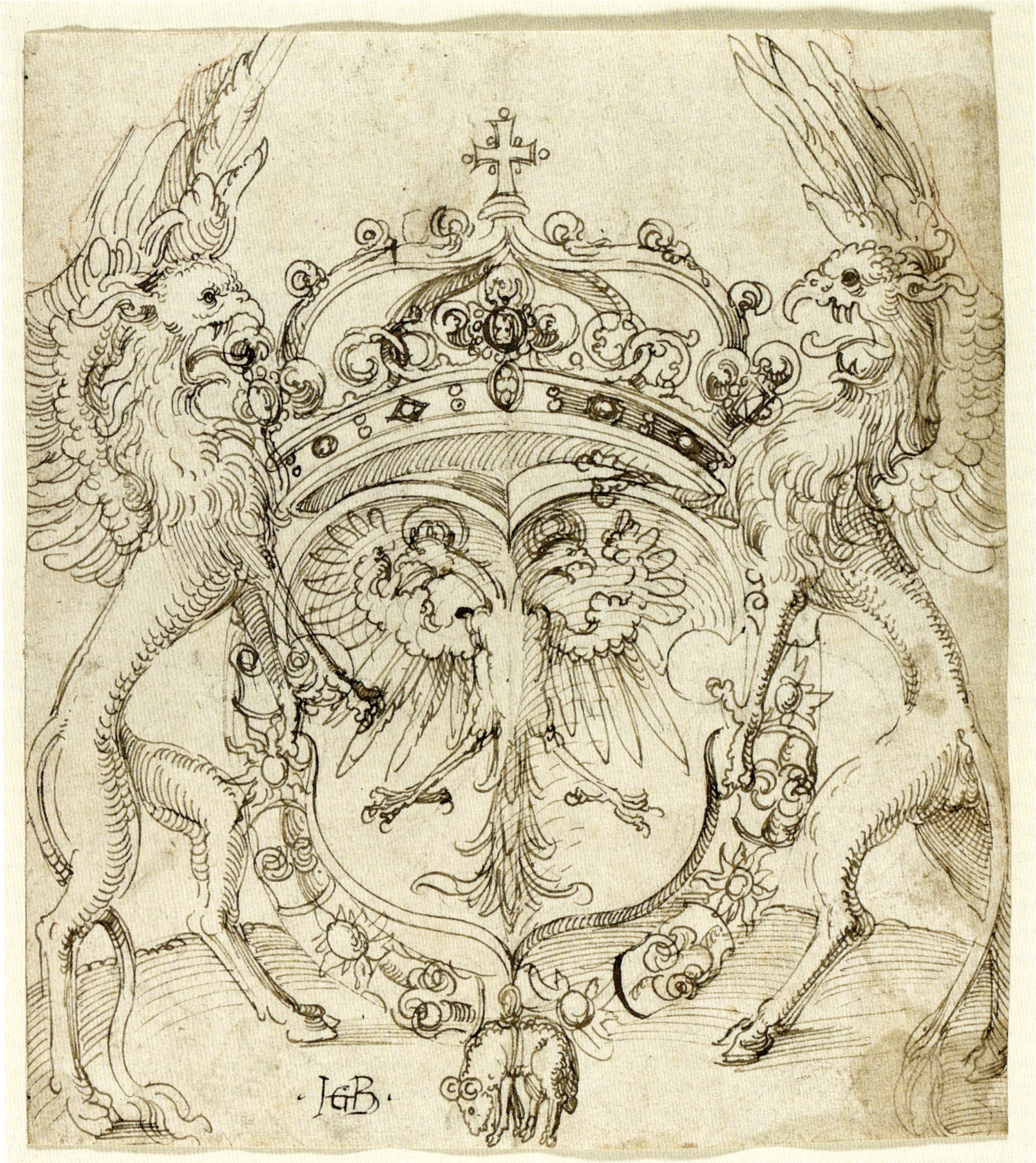

Abb. 41: Entwurf zu einem kaiserlichen Wappen von Hans Baldung gen. Grien von 1510–1512 (Kunstsammlungen der Veste Coburg).

rung, die schließlich ein Einsehen hatte. Kniebühler kam zurück und wurde ein sehr erfolgreicher Bürgermeister (Liessem-Breinlinger). Von den acht Namen, die 1811 genannt wurden, sind noch sieben als Familiennamen in Endingen vertreten.

Das „Weiherschlössle“ gibt es noch, wenn auch als ‚Neubau'. Von 1945 bis 1947 ging der Autor dort in die Volksschule und besuchte zusammen mit 55 Kindern die 3. und 4. Klasse. Zu der Scheibe der Wiger gehören die hübschen Putten (Bild 40).

Hans Baldung gen. Grien und Hans Gitschmann von Ropstein

Es grenzt an ein Wunder, dass zwölf Glasmalereien aus den Jahren 1528 bis 1530 fast unversehrt erhalten sind. Es gibt 1910 entstandene Fotografien von elf Scheiben (Sebastian von Blumeneck fehlt), die den Zustand vor der Restaurierung von 1968 zeigen. Die Negative befinden sich in Karlsruhe, Positive (schwarz-weiß) beim Landesdenkmalamt in Freiburg. Vor der Restaurierung wurden alle Scheiben mit farbigen Diapositiven dokumentiert (Stadtarchiv Endingen). Rüdiger Becksmann fotografierte die Scheiben in schwarz-weiß (Positive im Landesdenkmalamt Freiburg). Er machte einen Vorschlag, wie die Scheiben im Ratssaal anzubringen seien, der auch befolgt wurde. Eine Ausnahme bildet die „Auslagerung" der Kaiserscheibe in das Vorderösterreichische Museum im sogenannten Üsenberger Hof in Endingen. Dabei wurde die Kaiserscheibe wieder fotografiert (Abb. 2). Die übrigen Scheiben wurden für dieses Büchlein 2013 erstmals nach der Restaurierung fotografiert. Die Original-Diapositive liegen beim Corpus Vitrearum in Freiburg. Werner Noack schrieb 1951: „Indessen für die besten Endinger Scheiben lässt sich der entwerfende Meister nachweisen: der in der Koburger Sammlung aufbewahrte Riss mit dem von zwei Landsknechten gehaltenen Wappen der Grafen von Fürstenberg [das Wappenfeld ist allerdings leer] und einer Landsknechtschlacht im Bogenfeld (Abb. 8) geht bis in alle Einzelheiten so eng mit der Scheibe des Wendel vom Wiger überein, dass hier zweifellos eine Visierung des gleichen Meisters [Petrarca-Meister, das ist Hans Wydyz oder Weiditz, Unterschrift zu Abb. 8] vorgelegen hat." Dieses Blatt wird allerdings nicht in Coburg bewahrt, sondern in Bern, und es ist auf 1540 datiert (Terey) – das ist ein Problem. Weiterhin hält beim Wiger nur ein Ritter den Schild und nicht zwei Landsknechte. Die Säulen bei Wydyz sind rechteckig, beim Wiger sind sie rund. Nur die Schlacht, wenn auch im Detail verschieden, kommt gleichermaßen vor. Noack schließt dann weiter: „An diese Scheibe reihen sich der Graf von Tübingen und Lichteneck, Fasius von Pforr und Sebastian von Blumeneck als geschlossene Gruppe an, und vielleicht noch, in der Ausführung von einem anderen Glasmaler, Hans Dietrich von Blumeneck und Hans Ludwig Spilmann an." Weiditz lebte vor 1522 in Augsburg, danach in Straßburg. Noack merkt noch an, dass die Kaiserscheibe nicht in diese Reihe gehört.

In Coburg befindet sich, wie erwähnt, ein Scheibenriss von Hans Baldung gen. Grien (Abb. 41) für ein kaiserliches Wappen, das alle Elemente des Endinger Wappens (Abb. 2) enthält. Es fehlen in beiden Fällen

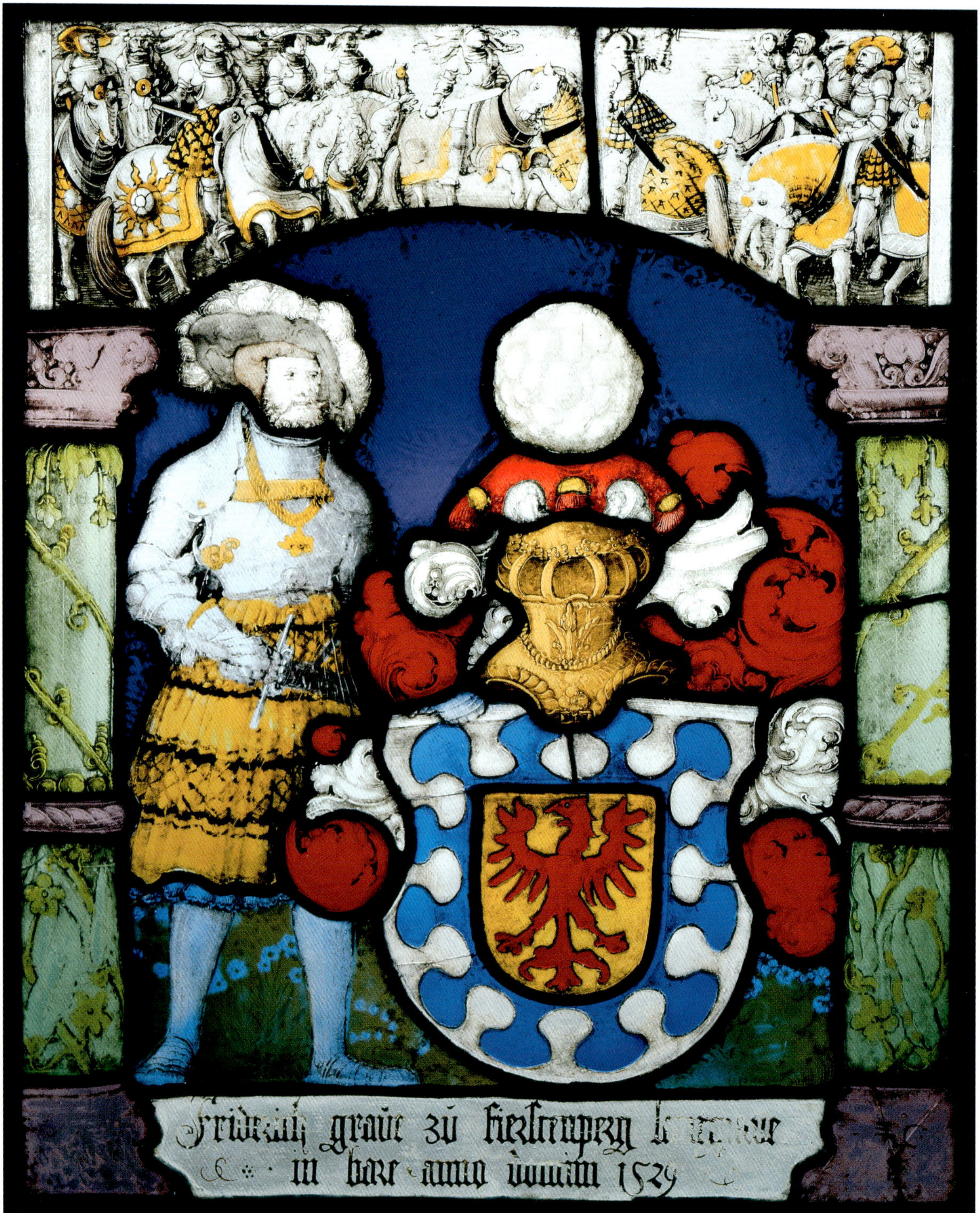

Abb. 42a: Wappenscheibe des Grafen von Fürstenberg, Heiligenberg, Rittersaal, 1529, Ropstein-Werkstatt.

die Renaissancesäulen. Die Greifen schauen in Endingen nach außen, das Goldene Vlies weist zur anderen Seite. Die Krone ist im Detail etwas anders gestaltet, aber zum Teil übereinstimmend – das gilt etwa für die drei Bügel der Mitra. Der Adler mit Heiligenschein hinter beiden Köpfen ist sehr ähnlich. Problematisch erscheint die Datierung, 1510–1512 (Coburg), gegenüber Endingen 1528; kann der Entwurf so lang in Freiburg gelegen haben? Das eigentliche Wappen auf der Brust des Adlers ist möglicherweise nach Rücksprache mit der österreichischen Autorität entstanden. Das Wappen aus dem Maximiliansfenster (Abb. 3b), das dem Endinger Wappen gleicht, wurde erst 1526/29 fertig (Becksmann, S. 500). Das erlaubt den Schluss, dass das Endinger Wappen ebenfalls nach diesem Entwurf des Hans Baldung gen. Grien von Hans Gitschmann von Ropstein angefertigt wurde.

„Die vorzüglich erhaltenen Fenster [Wappenscheiben aus Reiselfingen im Augustinermuseum Freiburg, im Historischen Museum in Basel, im Rittersaal des Schlosses Heiligenberg, im Rathaus von Rheinfelden, in Villingen und in Endingen] vereinen alle Elemente der fünfzig Jahre währenden Tätigkeit einer Werkstatt, die bis 1530 in der Zusammenarbeit mit Baldung Hochleistungen vollbracht hat" (Becksmann, S. 61). Dem ist nicht zu widersprechen, zumal Becksmann den Riss aus Coburg (Abb. 41) nicht kannte. Zum Waldkircher St. Margarethen-Fenster ist anzumerken, dass Balthasar Merklin um 1515 Fenster für die Kirche in Bleibach bei Hans Gitschmann von Ropstein bestellte. Sebastian von Blumeneck war mit Baldung eng verbunden. Gerade in der Zeit, als die Endinger Scheiben entstanden, arbeitete er eng mit dem Künstler und Hans Gitschmann von Ropstein zusammen, wie beide zeitgleich auch mit Gregor Reisch wegen der Fenster für die Kartause kooperierten (Parello). Warum sollte Blumeneck dann nicht Hans Baldung gen. Grien auch mit Entwürfen für Endingen beauftragt haben?

Ein Letztes: Die Wappenscheibe für die Grafen von Fürstenberg (Abb. 42a) wurde von Hans Gitschmann von Ropstein 1529 geschaffen. Die drei ritterlichen Schildhalter von Üsenberg, Pfor und Tübingen (Abb. 42b bis e) stammen somit sicherlich auch aus der Glitschmann-Werkstatt. Der Ritter mit dem Bidenhänder (= Schwert) des Wendel zum Wiger gehört ebenfalls dazu, obwohl er nicht auf einer Blumenwiese steht, sondern auf einem gefliesten Boden. In summa: Die Endinger Standesscheiben wurden in der Werkstatt von Hans Gitschmann von Ropstein geschaffen, die „Handschrift“ des Hans Baldung gen. Grien ist auf den meisten Scheiben klar zu erkennen.

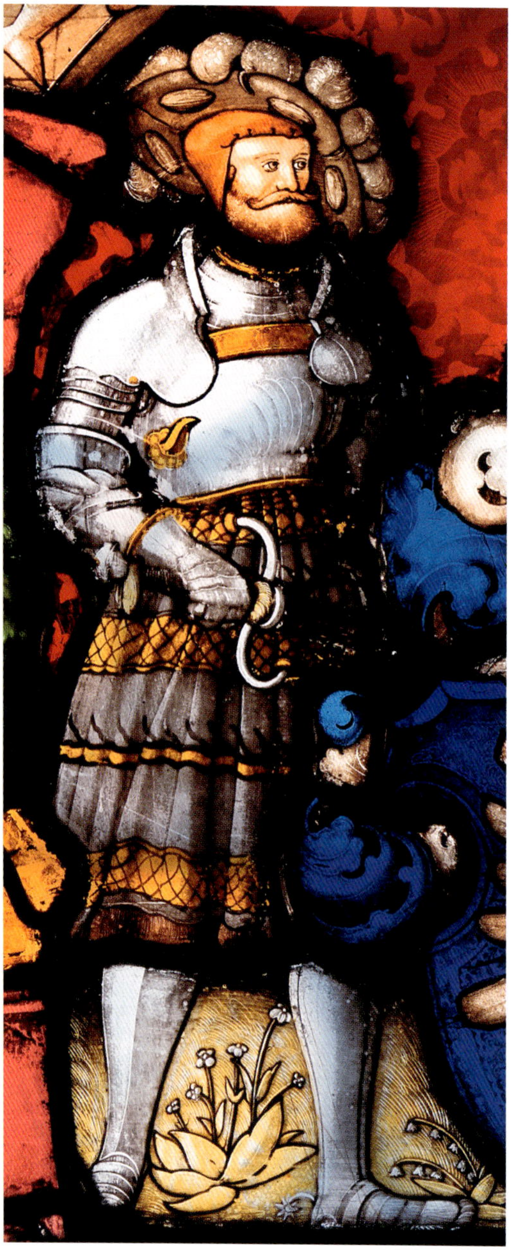

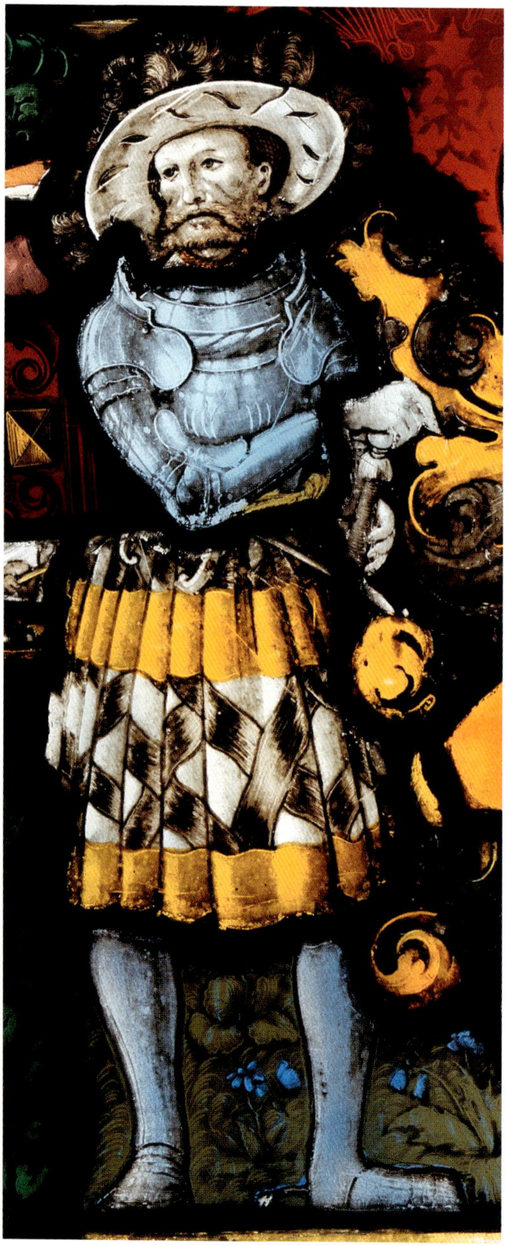

Abb. 42b–e: Ritter aus den Wappenscheiben der von Üsenberg, Pfor, Tübingen-Lichteneck und Wiger.

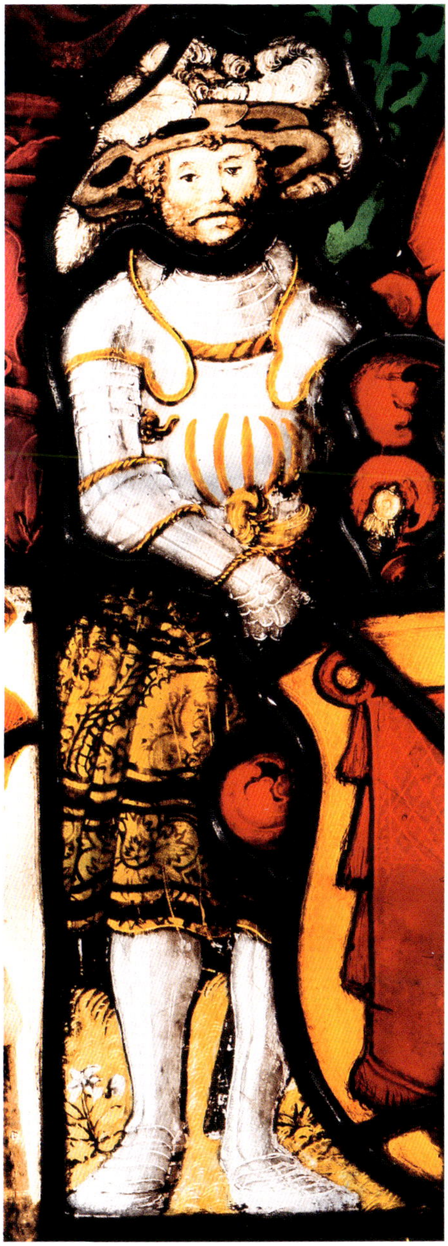

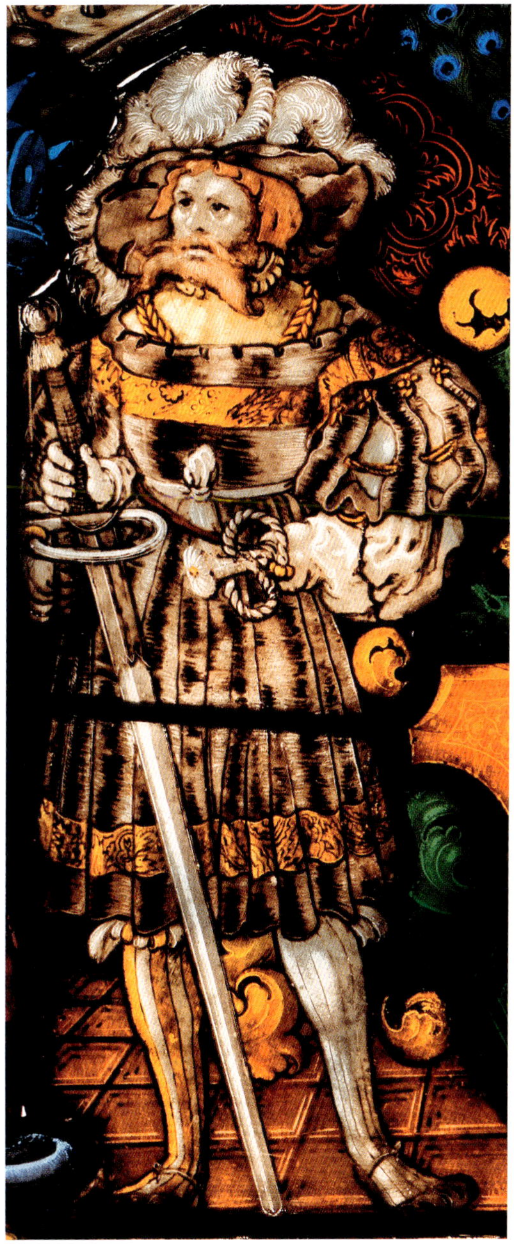

Danksagung

Für wertvolle Hinweise danke ich Anna Goessel, Gerda Kauschat, Hagen Keller, Bernd Kellner, Daniel Parello, Jürgen Simon, Jürgen Treffeisen und Hans-Peter Widmann.

Nachweis der Abbildungen

Abb.1 Altes Rathaus Endingen: Aufnahme des Verfassers.
Abb. 2: Karl V.; 3: Maximilian I. (Münster Freiburg); 4: Newe Osterich; 5: Ferdinand (Münster-Freiburg); 6: Üsenberg; 10: Dieterich von Blumeneck; 11: Sebastian von Blumeneck; 12a: Ausschnitt Schildhalterin; 13: Ausschnitt Bogenszene und Fisch und Falke; 15: Wendel vom Wiger; 40: Ausschnitt Putten; 16: Spilmann; 17 :Ausschnitt Wappenhalterin; 19: Fasius von Pfor; 20: Ausschnitt Breisach; 21: Alexius von Pfirt; 22: Conrat von Tübingen; 23: Ausschnitt Bogenszene; 24: Ausschnitt Dudelsackbläser; 25: St. Margarethen; 26: Ausschnitt hl. Margaretha; 27: Kartause; 29: Ausschnitt Johannes; 30 und 31: Ausschnitt Salome und Johannes der Täufer; 32: Heiliggeistspital; 35 und 36: Ausschnitt: Die fünf Werke der Barmherzigkeit; 39: Ausschnitt Graffiti; Aufnahmen von Andrea Gössel.
Abb. 7: Wappen aus dem Graduale des Klosters Wonnental. Badische Landesbibliothek Karlsruhe, U. H. 1, fol. 201r.
Abb. 8: Wappen Jakob III., Ludwig Köllhofer, Hachberg-Bibliothek Emmendingen.
Abb. 9: Brief von Albrecht, 1386, Stadtarchiv Freiburg, L1 Endingen A, Nr. 37; Abb. 33: Siegel des Heiliggeistspitals, Stadtarchiv Freiburg A1 Urkunde XVII A. Büttricher Juni 7 1297; Aufnahmen Christiane Gutzmer.
Abb. 12b: Aufnahme des Verfassers.
Abb. 14: Hans Baldung gen. Grien: Sebastian Blumeneck; Aufnahme Hans-Peter Vieser, Hochaltar des Freiburger Münsters.
Abb. 18: Glasmalerei aus der ehem. Kartause Freiburg, jetzt Museum Schnütgen Köln, Inv.-Nr. 595a, 595b und 595c.
Abb. 3b: Kaiserwappen und Abb. 28: Gresser-Wappen; Aufnahmen von Ulrich Engert.
Abb. 34: Siegel Snewlin-Kremer (Krämer), Stadtarchiv Freiburg, 1350 Sept. Münsterarchiv.
Abb. 37: Hanns Rudolff von Endingen, Entwurf von Hans Baldung gen. Grien; Kunstsammlungen der Veste Coburg, Inv.-Nr. Z.0024.
Abb. 38: Wappen von Endingen, Endinger Chörlein, Freiburger Münster; Aufnahme von Rotraud Harling.
Abb. 41: Kaiserliches Wappen, Entwurf von Hans Baldung gen. Grien, 1510–1512, Kunstsammlung der Veste Coburg, Z. 0065.
Abb. 42: Wappen Fürstenberg; Aufnahme von Rafael Toussaint. (Corpus Vitrearum).

Literatur

Christiane Andersson and Charles Talbot, From a Mighty Fortress. Prints, Drawings and Books in the Age of Luther, Detroit 1983.

Hans Baldung gen. Grien: Wappenscheibenriss Böcklin von Böcklinsau 1534, Kupferstichkabinett Berlin.

www.zeno.org/Kunstwerke/B/Baldung+Grien,+Hans%3A+Wappenscheibenri%C3%9F+% 5. Juni 2013.

Rüdiger Becksmann: Die mittelalterlichen Glasmalereien in Freiburg im Breisgau, Berlin 2010.

Sebastian Bock: Die Geschichte des Heiliggeistspitals und der Heiliggeistspitalstiftung in Freiburg im Breisgau, Freiburg 2005.

Erwin Butz: Das Jahrzeitbuch des Münsters zu Freiburg im Breisgau (um 1455–1723), Freiburg 1983.

Hermann Flamm: Geschichtliche Ortsbeschreibung der Stadt Freiburg i. Br., II. Band: Häuserstand 1400–1806, Freiburg 1903.

Max J. Friedländer und Jakob Rosenberg: Lucas Cranach, Stuttgart 1989.

Paul Ganz: Die Abzeichen der Ritterorden, in: Schweizerisches Archiv für Heraldik, Zürich 1905, S. 28 f.

Fritz Geiges: Der mittelalterliche Fensterschmuck des Freiburger Münsters, Freiburg 1931.

Werner Heiland-Justi: Das Graduale des Klosters Wonnental bei Kenzingen, Lindenberg 2012.

Claus Hermans: Die Glasgemälde des Freiburger Münsterchores und ihr Meister Hans von Ropstein, Dissertation Universität Freiburg 1953.

Hagen Keller: Über den Charakter Freiburgs in der Frühzeit der Stadt, in: Festschrift für Berent Schwineköper, hrsg. von Helmut Maurer und Hans Patze, Sigmaringen, 1982, S. 249–282.

Julius Kindler von Knobloch: Der alte Adel im Oberelsass, Berlin 1882.

Julius Kindler von Knobloch: Oberbadisches Geschlechterbuch, Berlin 1898* und 1908 (*http://ub.uni-heidelberg.de/diglit/kindlervonknobloch1898).

Karl Kurrus: Die Wappenscheiben im Rathaus zu Endingen, in: Schau-ins-Land 87 (1951), S. 5–24.

Renate Liessem-Breinlinger: Endingen im 19. Jahrhundert, in: Endingen, hrsg. von Bernhard Oeschger, Endingen 1988, S. 145–185.

Marcus von Lindau – Marcus von Weida: Die zehn Gebote in diesem Buch erklärt ..., Straßburg 1516.

Heinrich Maurer: Endingen: Aus der Geschichte Endingens von der ersten urkundlichen Nachweis bis zum Bauernkrieg, in: Schau-ins-Land, 6 (1879) und Nachdruck Endingen 1977.

Christoph Meckel: H. B. G, Freiburg 2005 (eine Novelle zu Hans Baldung gen. Grien und Martin Schongauer).

Hermann Nehlsen: Die Freiburger Patrizierfamilie Snewlin, Freiburg 1967 (darin fehlen die Schnewlin-Krämer).

Werner Noack: Die Standesscheiben im Endinger Rathaus, in: Badische Heimat 31 (1951), S. 127–131.

Gert von der Osten: Hans Baldung Grien, Berlin 1983.

Daniel Parello: Die Glasmalereien für die

Freiburger Kartause und ihre Stifter. Künstlerische Innovation unter Gregor Reisch, Hans Baldung und Hans Gitschmann, Freiburg 2013.
Walther Pfeilsticker: Die zwei Leibärzte Johann Widmann, in: Schönbuch und Gäu, Heimatbeilage zum Böblinger Boten, 1959, S. 1–16.
Wilfried Setzler: Die Grafen von Tübingen als Herren von Lichteneck, in: Die Pfalzgrafen von Tübingen, hrsg. von Hansmartin Decker-Hauff, Franz Quartal und Wilfried Setzler, Sigmaringen 1981.
Hermann J. Schwarzenberger: Die Landstände Vorderösterreichs im 15. Jahrhundert, Dissertation, Freiburg im Breisgau 1908.
Robert Stiassny: Wappenzeichnungen Hans Baldung Griens in Coburg, Wien 1895.
Herbert Stoyan: Die Nachkommen Karls des Grossen, wwperson.informatik.uni-erlangen.de Juni 2013.
Gabriel von Terey: Die Handzeichnungen des Hans Baldung gen. Grien, Straßburg 1894.
Jürgen Treffeisen: Endingen im Mittelalter, in: Endingen am Kaiserstuhl, hrsg. von Bernhard Oeschger, Endingen 1988, S. 32–81.
Urkunden der Stadt Endingen im Stadtarchiv Freiburg: L1 28, 37 und 120.
Hans-Peter Widmann: den selan trostlich, den durftigen nuzzelich: Das Heiliggeist-Spital zu Freiburg im Breisgau im Mittelalter, Freiburg 2006.
Wikipedia.org/wiki/Adelsgesellschaft
Juni 2013.
Wikipedia.org/wiki/Schnewlin
Juni 2013.
Alfons Zeller und Thomas Zotz: Die Burgen im mittelalterlichen Breisgau, in: Archäologie und Geschichte, hrsg. von Hans Ulrich Nuber, Karl Schmidt, Heiko Steuer und Thomas Zotz, Bd. AG 14 und 15, Ostfildern 2003.